O CINEASTA HISTORIADOR

ROSANE PAVAM

O CINEASTA HISTORIADOR

O humor frio e o filme Sábado, de Ugo Giorgetti

alameda

Copyright © 2014 Rosane Pavam

Grafia atualizada segundo o Acordo Ortográfico da Língua Portuguesa de 1990, que entrou em vigor no Brasil em 2009.

Publishers: Joana Monteleone/ Haroldo Ceravolo Sereza/ Roberto Cosso
Edição: Joana Monteleone
Editor assistente: Vitor Rodrigo Donofrio Arruda
Projeto gráfico e diagramação: João Paulo Putini
Capa: Gabriel Patez Silva
Revisão: Alexandra Colontini
Imagens da capa: *Construção do Prédio Martinelli.* Preising, 1929. In: *História da cidade de São Paulo*: a cidade na primeira metade do século xx (1890-1954). São Paulo: Paz e terra, 2004, p. 521.

Copyright © Cedente autoriza a Alameda Casa Editorial, sem exclusividade, à reprodução das imagens descritas.

CIP-BRASIL. CATALOGAÇÃO NA PUBLICAÇÃO
SINDICATO NACIONAL DOS EDITORES DE LIVROS, RJ

F443c

Pavam, Rosane
O CINEASTA HISTORIADOR: O HUMOR FRIO E O FILME
SÁBADO, DE UGO GIORGETTI
Rosane Pavam. - 1. ed.
São Paulo : Alameda, 2014
234 p. ; 21 cm

Inclui bibliografia
ISBN 978-85-7939-198-9

1. Cinema - Itália - História. I. Título.

13-07546   CDD: 792.09469
                CDU: 792.09469

ALAMEDA CASA EDITORIAL
Rua Conselheiro Ramalho, 694 – Bela Vista
CEP 01325-000 – São Paulo – SP
Tel. (11) 3012-2400
www.alamedaeditorial.com.br

Para Bernardo, Daniel e Maurício,
meus meninos, com quem sou feliz

SUMÁRIO

Prefácio 9

Introdução 17

1. Raízes da melancolia 23

2. O cineasta historiador 69

3. O sonho urbano a partir do alto 105

4. Martinelli, monumento de enganos 129

5. O gélido edifício ficcional 149

Considerações finais 181

Fontes e bibliografia 189

Anexo 205

Agradecimentos 223

PREFÁCIO

O humor entrou na moda: rimos de tudo, rimos cada vez mais e isto mostra que o humor é uma espécie em extinção. Eis um dos muitos paradoxos de nossa época, os códigos humorísticos disseminaram-se de tal forma que não sabemos mais definir o que é o humor. Nesta era do divertimento acelerado, o humor firmou-se na base da extravagância gratuita, trivializado pela embriaguez dos refletores ou pela ligeireza do slogan. Décadas atrás, Gilles Lipovetsky já nos advertia: quanto mais humorísticas se tornam nossas sociedades mais elas manifestam o seu medo pela extinção do riso. Por tudo isto, estudar o humor em todas as suas modalidades, incluindo o humor da linguagem cinematográfica, não é apenas um esforço de defini-lo, mas também e, sobretudo, um esforço para preservá-lo da extinção.

Escrito por uma pesquisadora arguta e sensível, este é um livro que se aventura nas sendas ainda praticamente inexploradas do humor negro, já literalmente definido por Mme. De Staël, em 1826, como "uma disposição do sangue quase tanto como do espírito". Filósofos antigos, como Sócrates, já diziam simplesmente que ele era uma reação à ignorância. Pirandello, Bergson e Freud, sem embargo de suas perspectivas diversas, já diziam que era aquele riso que sempre mergulhava nas águas frias da reflexão. Já Alfred Jarry e André Breton situaram o humor negro numa espécie de gangorra da dignidade humana, oscilando irresoluta entre as duas pontas: a do trágico e a do cômico. De qualquer forma, ao contrário das atuais e sedutoras máquinas de divertimento em 3D, é um humor que não quer o riso a qualquer custo – quer apenas o riso reflexivo, aquele que substitui a recompensa restauradora da gargalhada por incômodas cócegas no cérebro.

Ampliando a pesquisa do seu livro anterior, Rosane Pavam investiga a presença desta imprecisa modalidade de humor na filmografia do cineasta paulistano Ugo Giorgetti, especialmente em *Sábado*, uma comédia de 1994. Roteirizado no formato quase à *clef* do *Edifício Martinelli* – um documentário produzido ainda em 1975 por Giorgetti – o personagem central de *Sábado* é o *Edifício das Américas*, o qual, oscilando naquela espécie de gangorra de Jarry, entre o cômico e o trágico, parece, já de cara, uma mistura de *Balança mas não cai* com o palacete bunneliano em *O anjo exterminador*. Desviando-se, contudo, da categoria do humor negro, a autora redescobre na sua pesquisa uma outra modalidade de humor, o humor frio – assim definido porque "parece jogar água sobre a fervura do contentamento e do senso de libertação, reação que se seguem às boas piadas."

Pelas sendas tortuosas do humor frio, Rosane nos mostra que o edifício de Giorgetti é uma metáfora microcósmica da história de São Paulo e do Brasil. Não da história monumental que estaria apenas na fachada do edifício, mas de uma história rebarbativa e conflituosa, feita de criaturas aflitas, que prospectam os desvãos, as dobras, os interstícios e as sobras remanescentes da caótica metropolização de São Paulo. Nem a ética emocional salva as criaturas do naufrágio nas águas da incomunicabilidade. No edifício não há regulamentos, ordens expressas, conselhos decisórios, nem síndico, nem lei e nem comunicação com o mundo exterior – predomina a informalidade e para viver – e sobreviver – só recorrendo ao expediente e à gambiarra. É apenas pela tonalidade burlesca do humor frio que é possível retratar uma população que sobrevive sem bases fixas, sem fundamentos legais, sem amparo, sem proteção, sem garantias e sem reconhecimento – e que, no entanto, é capaz de fazer um churrasco, acompanhado de samba, no ponto mais alto do edifício.

Giorgetti se declara "um mediterrâneo, o dia inteiro tomando sol, não um alemão atrás das profundezas da alma". O que faz lembrar um outro "paulistaliano", o escritor António de Alcântara Machado. Consta que o autor de *Brás,Bexiga e Barra Funda* irritava-se quando "ouvia afirmar de um escritor, principalmente de um escritor brasileiro, que queria atingir a essência, a alma, a 'beleza secreta' das coisas.

Achava que, sobretudo no Brasil, país de sol e de cores fortes, tudo é aparente e ostensivo. Este livro ainda nos mostra que a comédia italiana dos anos 1960/1970, representada pelos nomes notáveis de Dino Risi e Mario Monicelli, mais do que apenas uma referência geracional para Giorgetti, exemplifica um dos traços mais salientes do humor frio no cinema: a ausência de explícito compromisso estético – tão bem expressa na frase do próprio Giorgetti, "o assunto é o estilo". Ao contrário dos praticantes do humor negro, o humorista frio não tem um programa a seguir, já que o assunto é seu estilo. Ele quer se utilizar ao máximo da potência cômica agressiva e tanto melhor se ela resultar no riso. Mas no humor frio não há nenhuma proposta de conciliação entre duas pontas da gangorra: a ironia sarcástica não se revolve nunca no explícito solavanco da piada – que é aquele gancho que todo comediante usa para deflagrar o riso. O gancho é sempre adiado. O humorista frio não resiste à tentação de burlar o *happy end* e apostar – como o Dino Risi de *Sorpasso* – que todo belo feriado deve acabar em tragédia.

Através de uma analise detalhada, Rosane nos mostra que Giorgetti não chega a tais extremos, mas conduz, em *Sábado*, um experimento de humor frio que se origina da melancolia impotente e da consciência mal resolvida do humorista. Ao contrário do distanciado praticante do humor negro, ele ainda insiste em mergulhar na sua própria ficção. Na sua ânsia pela autoironia, ele próprio comparece, sob a forma de *persona*, do duplo ou do onisciente – e faz derrapar o próprio chão ficcional no qual pisa. Impossível não lembrar – e Rosane nos lembra – do *Brás Cubas* de Machado, que para escrever "mergulhava a pena da galhofa na tinta da melancolia". Mas a melancolia do humor frio não é mais aí um estado existencial, acomodado ao niilismo passivo, mas sim algo historicamente situado, ou seja, sempre marcado pela reiterada impotência de mudar o mundo. Embora reconheça a urgência de mudar as coisas, o humorista frio não se une em torno de um mandamento de ação: "é solitário e usa este estado de solidão à margem para fazer-se convencer", conclui Rosane. Afinal, por trás de seu riso estranho, mas generoso, ele pressente que não há nenhum pote de ouro no fim do arco-íris e tudo é burlado – inclusive o humorista, enganado pelas falsas promessas em crenças longínquas e desejos inexequíveis.

Um livro que é uma inteligente provocação ao populismo do humor trivial e uma contribuição inestimável para o estudo do humor frio. Este humor que carece de humor é tanto mais sublime quando ele próprio não sabe exatamente do que se trata: ele é sublime porque segue apenas o seu faro intuitivo e se alguma crença surgir daí – se surgir – será sempre uma aposta no futuro, um riso da libertação.

por Elias Thomé Saliba

INTRODUÇÃO

sta pesquisa teve início insuspeito em 2003, quando, convidada pela editora Imprensa Oficial a redigir em livro um depoimento do diretor de cinema paulistano Ugo Giorgetti, passei a refletir sobre o humor, que me parecia incomum, do artista. Eu o via como um grande escritor, mais do que essencialmente cineasta, disposto a pensar sobre a cidade com melancolia criativa. Um escritor visual, que não somente fazia o espectador sorrir dos tipos e das desgraças sociais da capital paulista, mas o queria espelhado nas águas geladas dos questionamentos. Diretor cálido, mas também amargo, "alegre e pessimista", como veria a revista francesa *Panorama*[1] a partir de seu filme *Sábado*, Ugo Giorgetti capturava a atenção do público de modo a rememorar a comédia cinematográfica italiana, também especializada nessa alternância de estados emotivos, crítica, sobretudo, das artimanhas culturais e políticas

---

1   MURY, Cécile. "Sábado". *Revista Panorama*, Paris, s/d.

que acomodavam e imobilizavam seu país. A origem de Giorgetti, cujo pai era engenheiro toscano, ajudaria a entender tal caminho artístico.

Mas talvez nem a comédia italiana explicasse de todo suas escolhas. Minha série de conversas com o diretor, em busca de respostas para seus mistérios de artista, afinal reunida em formato de depoimento e estudo introdutório no livro *Ugo Giorgetti – O Sonho Intacto*, em 2004, pareceu-me insuficiente para delimitar as fronteiras daquele humor incomum. Procurei então a Universidade de São Paulo e seu professor, Elias Thomé Saliba, cujo estudo *Raízes do Riso* mapeara pela primeira vez o humor brasileiro à época da Belle Époque, invocando suas peculiaridades no país mitigado pela modernidade fracassada. Apresentei a Saliba meu projeto, que tentaria aproximar a comédia italiana "negra" de Mario Monicelli e Dino Risi ao trabalho reflexivo de Giorgetti, paulistano de Santana. Saliba aceitou orientar minhas ideias.

Com o tempo de pesquisa e os estudos empreendidos sob sua orientação e durante os cursos realizados dentro da pós-graduação em História Social na Universidade de São Paulo, percebi que meu intuito inicial talvez pecasse pela abrangência. E, afinal, a comédia italiana, embora marcante no trabalho de Ugo Giorgetti, não constituiria sua única fonte de inspiração. No entanto, no capítulo intitulado "Por que filmo", ele afirmara: "Gosto do cinema italiano (…), embora não sinta exatamente um parentesco com a arte cinematográfica praticada naquele país. Mas, ao contrário do francês, o cinema italiano tem uma virtude. O assunto é o estilo. O que torna um artista original é a realidade ou a irrealidade que ele estuda".[2]

Preferi então me concentrar nas peculiaridades de seu humor, que passei a designar frio após a leitura de O Humorismo, de Luigi Pirandello, e do rol de autores que refletiram sobre as definições de riso e do humor no curso da história. Giorgetti me fazia rir e chorar, evocando a cidade, seu passado e seu presente históricos, e era preciso saber se, ao superar o riso fácil, ele evocaria outras tradições mais fortes.

Com o decorrer da pesquisa, contudo, mais me inclinava a estabelecer a unicidade de seu estilo, subjugado, como ele dizia, pela urgência do assunto, e de que maneira o seu Brasil estava comentado em *Sábado*, assim como a Itália era uma narrativa histórica em filmes-símbolo como *Aquele que sabe viver* (*Il Sorpasso*), de Dino Risi, de 1962, e *Um burguês muito pequeno* (*Un borghese piccolo piccolo*), de Mario Monicelli, realizado em 1977. Seria obrigada a discordar de Giorgetti quanto a sua filiação fílmica. Eram aqueles, os italianos, filmes sobre a desesperança, sobre a poesia e a dor enraizadas no fim de um ciclo histórico, comentários sobre uma nação mitigada, instável, frágil, tanto quanto os do diretor brasileiro, sobre um cenário ainda mais inclinado à ruína.

A diferença era que, na Itália daqueles diretores com os quais Giorgetti nem mesmo reclamava identidade exclusiva, ainda havia instituições fortes a quem recorrer e

---

2 PAVAM, Rosane. *Ugo Giorgetti: o sonho intacto*. São Paulo: Imprensa Oficial, 2004.

reclamar. Enquanto, no Brasil daqueles anos, uma eleição indireta resultara na posse apressada de um vice-presidente de duvidosa ética e, após seu exercício no poder, a posterior deposição de um aventureiro corrupto, eleito diretamente à presidência. Isto, depois de décadas de ditadura entremeadas por um breve período de democratização, após o fim do Estado Novo, nos anos 40. Passados séculos desde seu achamento e exploração colonial, o que seria o Brasil, além de uma prisão em que todos se encontravam solitários, sobrevivendo por arranjos extra-institucionais, desenraizados e descentralizados do poder? Onde recuperar o fôlego e a fortaleza, como cidadãos e como nação?

Sábado fala sobre o tempo que urge e tudo destroi, é melancólico no seu grande humor e nos avisa sobre a morte, que está, também ela, a nos lançar comunicados. Mesmo depois do anunciado fim de tudo, encarcerados no elevador que nos mobiliza ou contém, ainda existiria tempo para refletir e, humoristicamente, mudar um estado de coisas. Ou, pelo menos, encontrar entre os destroços a humanidade perdida.

CAPÍTULO 1

Raízes da melancolia

Perguntado por seus contemporâneos sobre o que era o jazz, o trompetista e compositor Louis Armstrong retrucou, em uma frase famosa, que só poderia indagar tal coisa quem realmente não soubesse o que o jazz significava. Gênero musical nascido irreverente em prol da liberação social dos negros americanos, o jazz deveria apenas ser sentido, ensinava Armstrong, não declamado, já que sua definição, se um dia se estabelecesse como uma necessidade, nasceria ao sabor da experiência de cada indivíduo.

Acontece, contudo, entre os termos indefiníveis, como o jazz americano ou a saudade portuguesa, de desejarmos precisá-lo, na contramão da sabedoria do jazzista. O humor é um termo indefinível, ademais estudado insuficientemente, até marginalizado dos ensaios sérios, e por séculos, como jamais ocorreria ao jazz. E, como o jazz, o humor pode inquietar. É possível que a tentação de olhá-lo com o carinho da análise venha de um terror incontido e permanente por sua extinção. Diante do humor, um acadêmico tem muito trabalho de investigação teórica, e mesmo de preservação, a fazer.

Desejamos defini-lo, marcá-lo, circundar sua existência porque o humor carrega a pecha silenciosa de indignidade, quiçá irrelevância, diante da tragédia cotidianamente universal.[1] Seus defensores são necessariamente determinados, postos à prova ao zelar por seu exercício incondicional, sem as amarras da correção política.

Celebra-o Elias Thomé Saliba como "a forma mais sublime de apostar na vida".[2] A definição pode soar desafiante, embora não o devesse. Como todos experimentamos o

---

1   Afirma, a título de exemplo, o diretor de cinema italiano Mario Monicelli: "Quando ouço dizer que a comédia italiana narrou a Itália melhor do que outros filmes de cunho social, tenho vontade de rir. Por muitos anos, ao estrear nos cinemas, nossas comédias foram tão maltratadas que eu não posso deixar de considerar tardios todos os reconhecimentos posteriores. Nós queríamos fazer rir, mas isso não justifica de maneira alguma que a crítica julgasse nossos filmes como de quinta categoria. Fazer rir não significa não olhar em volta, ou não refletir sobre a sociedade; aliás, pode ser exatamente o oposto. Porém, para aceitar isso, muitos críticos tiveram de ouvi-lo dos franceses; dali em diante, eles começaram a entender que nós também narrávamos a Itália, e que nossos filmes encerravam muito conteúdo. Mas, antes dessa descoberta, foram anos duros, eu era tratado como um diretor de filmecos, e muitas vezes nem resenhavam meus filmes. Mas não gostaria, nesse momento, de me fazer de vítima, porque, aliás, acho exagerado também o comportamento contrário: 'Que maravilha a comédia à italiana, que filmaços!' Fazíamos filmes, isso é tudo". PRUDENZI, Angela & RESEGOTTI, Elisa. *Cinema político italiano – anos 60 e 70*. São Paulo: Cosac Naify, 2006, p. 30.

2   SALIBA, Elias Thomé. *Raízes do riso*. 3ª ed. São Paulo: Companhia das Letras, 2007, p. 14.

humor, todos, ao vivenciá-lo, já o definimos, à moda do procedimento insinuado por Armstrong em relação ao jazz. Não passamos pela vida distraídos do humor. E ele, contudo, pode nos distrair do peso de viver. É imperioso rir, como é inevitável sentir saudades. Mas, para amar o jazz, antes é preciso correr aos discos, aos filmes e aos clubes, em gestos voluntários. Rir, em contrapartida, surpreende-nos em qualquer canto, até gratuitamente, durante o penoso exercício das ações cotidianas.

O riso é o efeito do humor que expressões ficcionais, como a literatura, a música, a cinematografia e a pintura, entre outras artes, celebraram em muitas ocasiões. Como exemplo, o escritor chileno Pablo Neruda (1904-1973) descreveu-o no poema *Tua Risa* (*Teu Riso*), de 1954. Para o narrador em questão, o riso da pessoa amada é essencial a ponto de lhe garantir a sobrevivência, mesmo que a figura a quem ama venha a rir comicamente dele próprio, o protagonista do poema.[3]

---

3   NERUDA, Pablo. *Neruda para jovens – antologia poética* (org. Isabel Córdova Rosas/edição bilíngue). Rio de Janeiro: José Olympio, 2010, p. 81 a 83 (Tira-me o pão, se queres/Tira-me o ar, porém, não me tires teu riso./Não me tires a rosa,/a lança que debulhas,/nem a água que de súbito/ estala em tua alegria,/a repentina onda/de prata que te nasce./A luta é dura e volto/com os olhos cansados/às vezes por ter visto/a terra que não muda,/mas ao entrar teu riso/sobe ao céu me buscando,/e abre para mim todas/as comportas da vida./Amor meu, mesmo na hora/mais escura debulha/teu riso, e se tão logo/ vês que meu sangue mancha/as pedras da avenida,/ri, porque teu riso/será nas minhas mãos/como uma espada úmida./Junto do mar, no outono,/teu riso vai levantar/sua cascata de espuma,/e na primavera, amor,/quero teu riso como/a flor que eu esperava,/a

Quítame el pan, si quieres.
Quítame el aire, pero
no me quites tu risa.
No me quites la rosa,
La lanza que dês granas,
el agua que de pronto
estalla en tu alegría,
la repentina ola
de plata que te nace
Mi lucha
es dura y vuelvo
com los ojos cansados
a veces de haber visto
la tierra que no cambia,
pero al entrar tu risa
sube al cielo buscándome
y abre para mí todas
lãs puertas de la vida.
Amor mío, en la hora
Más oscura desgrana
tu risa, y si de pronto
ves que mi sangue mancha
las piedras de la calle,
ríe, porque tu risa
será para mis manos
como una espada fresca.

---

flor azul, a rosa/da minha pátria que soa./Quero que rias da noite,/rias do dia e da lua,/e rias das avenidas/retorcidas desta ilha,/podes rir deste rude/rapaz que muito te quer,/mas quando eu abro os olhos/para ir logo fechando,/quando meus passos vão,/quando meus passos voltam,/nega-me o pão, e o ar,/a luz, a primavera,/mas o teu riso nunca/porque assim morreria).

Junto al mar en otoño,
Tu risa debe alzar
su cascada de espuma,
y en primavera, amor,
quiero tu risa como
la flor que yo esperaba,
la flor azul, la rosa
de mi patria sonora.
Ríete de la noche,
del día, de la luna,
ríete de las calles
torcidas de la isla,
ríete de este torpe
muchacho que te quiere,
pero cuando yo abro
los ojos y los cierro,
cuando mis pasos van,
cuando vuelven mis pasos,
niégame el pan, el aire,
la luz, la primavera,
pero tu risa nunca
porque me moriría.

Celebram o riso igualmente, como exemplo de seu alcance ficcional popular, os compositores Mark Fisher, Joe Goodwin e Larry Shay na canção *When You're Smiling* (*Quando você está sorrindo*), consagrada pela cantora americana Billie Holiday nos anos 1940. Nesta peça musical, o riso, não definido como algo produzido por quem se ama, é ainda assim reclamado como necessário à existência comum. A peça declara que um universo promissor se abrirá repentinamente não só a todo aquele que rir, mas aos habitantes de um mesmo mundo que receber esse riso.[4]

> When you're smiling
> When you're smiling
> The whole world smiles with you
> When you're laughing
> When you're laughing
> The sun comes shining through
> But when you're crying
> You bring on the rain
> So stop your sighing
> Be happy again
> Keep on smiling
> Cause when you're smiling
> The whole world smiles with you

Nas letras do poema e da canção, é como se ao riso correspondesse a abertura de portas para a fruição da existência, e de um gratificante sorrir partisse não apenas o gosto, mas a razão de viver. A apreensão popular e romântica da ocorrência, não sendo a mais original, também não difere do que muitos importantes pensadores raciocinaram. O riso, eles dizem, pode ser corretivo, mesmo curativo, mas, de todo modo, é indispensável para que a vida transcorra.

---

4   Quando você está sorrindo/Quando você está sorrindo/Quando você está sorrindo/O mundo inteiro sorri com você/Quando você está rindo/Quando você está rindo/O sol vem brilhar./Mas quando você está chorando/Você traz a chuva/Então pare de suspirar/Seja feliz de novo/Continue a sorrir/Porque quando você está sorrindo/O mundo inteiro sorri com você.

Ele se liga a razões de intimidade e ancestralidade humana. Também ocorrerá, construído em uma peça cômica, por uma razão psicológica definida, que remete a longínquos prazeres infantis, como descrevem Concetta D'Angeli e Guido Paduano.

O cômico, dizem esses pesquisadores, enquadra o objeto de que se ri a uma categoria a ser sanada. Ri-se daquele a quem se considera inferior, de modo a marginalizar sua importância. O cômico, aqui, exerceria o que os ensaístas intitulam "função repressiva tradicional", obrigando o que é inadequado (e a inadequação nasceria da estupidez ou da loucura) a "compartilhar dos pressupostos e das coordenadas mentais" do grupo. Mesmo neste "juízo social", prosseguem, há implícita uma "natureza de compromisso" a fazer com que o cômico preste um grande serviço, eliminando a necessidade de trancafiar e esquecer aqueles do grupo de quem rimos. O cômico estaria, assim, "no lugar dos manicômios".[5]

Mas de que se ri? Ri-se essencialmente, para esses estudiosos, da "maldade da criança", isto é, "do fato de que seus desejos [o da figura infantil] se apresentam como (ainda) ilimitados e, por isso, refratários inclusive às proibições da moral." Neste texto, localiza-se o caráter específico do cômico no "despertar da infantilidade". Pode-se dizer que

---

5   D'ANGELI, Concetta & PADUANO, Guido. *O cômico*. Curitiba: Editora UFPR, 2007, p. 10.

"rio da diferença de valor entre a outra pessoa e mim a cada vez que, no outro, redescubro a criança".[6]

Porém, a cada vez que "no outro redescubro a criança", esta redescoberta marca simultaneamente a superioridade e a inveja adulta, "saudade da liberdade e da riqueza infinitas" que pertencem à infância. "O movimento que parecia ser unicamente de alienação é igualmente de alienação e de identificação, o que equivale a dizer que a agressão cômica é sempre acompanhada e complicada por uma recuperação afetiva".[7]

E, ainda, o que está em questão não é a indulgência como o único fator que atenua a agressividade, suavizando a posição adulta, mas o fato de que "estar ao mesmo tempo dos dois lados é que justifica os papéis pessoais concebidos como alternativos, propondo na verdade uma concepção circular do riso". O estudo exemplifica este estado com uma fala de *Falstaff* que a ópera de Boito e Verdi extraiu de um trecho mais marginal do *Henrique IV*, em sua parte 2, ato I, cena II, para dela fazer a suma da ação cômica: *Toda espécie de gente ordinária/ me ridiculariza e se vangloria disso;/ porém, sem mim, eles, que têm tanta pose,/ não teriam um só grão de sal./ Sou eu que vos faz espertos./ A minha argúcia cria a argúcia dos outros.* Concluem os pesquisadores: "Desta maneira transmitem-se os papéis que não são mais alternativos, de ridicularizador e ridicularizados na grande fuga final, que simboliza o movimento

---

6   Ibidem, p. 12.

7   Ibidem, p. 12.

infinito dos homens e de suas vidas: *todos enganados! riem-se/uns dos outros todos os mortais.*[8]

Segundo o filósofo L. Wittgenstein, "o humor não é um estado de espírito, mas uma visão de mundo".[9] Não sendo uma moléstia temporária ou terminal, deixa de seguir os parâmetros medicamentosos da razão médica, que poderia curá-lo ou ampliá-lo. "O humorismo não existe; há escritores humoristas. O cômico não existe; há os escritores cômicos", reiterou o teórico italiano Benedetto Croce, impaciente ao debater o assunto com o renomado crítico, dramaturgo e humorista Luigi Pirandello, que não se intimidou por essa limitação analítica e seguiu farejando, no texto *O Humorismo*, os indícios de um grande assunto, ademais sobejamente existente. Pirandello entendeu o humorismo como um gênero literário-dramático de importância crucial.

Este trabalho opera na direção desaconselhável de definir um humor particular. Antes, será preciso dizer que esta autora celebra o humor, responsável por retirá-la dos estados de melancolia em fases da vida desde a infância à idade presente. Ela amou Charles Chaplin desde as quedas mudas do ator, mas ruidosas em seu coração de menina, e também celebrou, em menor companhia, o amargo negrume humoroso que o artista ousadamente preconizou no longa-metragem *Monsieur Verdoux*. Na linha do que aprendeu com os antigos, o riso, para ela, significou uma paixão da alma. Aprendera a gargalhar solitariamente no cinema com

---

8   *Ibidem*, p. 13.

9   *Apud* SALIBA, Elias Thomé. *Op. cit.*, p. 15.

o improvável Luis Buñuel, que enclausurara a burguesia no círculo terminal de *O Anjo Exterminador*. Rira, para então surpreender-se, com a comédia crítica italiana de Mario Monicelli e Dino Risi, iconoclasta das hipocrisias sociais, e também recheada de melancolia em sua constatação de impossibilidade de mudança do terrível mundo real. Principalmente, no Brasil, esta pesquisadora riu e inquietou-se com o humor, que denominou frio, do paulistano Ugo Giorgetti em *Sábado*.

O cinema que busca o riso o faz penosamente, não raro à sombra. São marginais os grandes humoristas da cena filomográfica. Chaplin, como Buster Keaton, Harold Lloyd ou Harry Langdon, penaram para que lhes fosse dada a oportunidade do reconhecimento crítico. Todos se tornaram ricos materialmente em algum instante de suas carreiras (e, no caso de Chaplin, por toda ela), porque o público precisou deles de forma estrepitosa à época de seu surgimento, nas seguidas matinês do início do século XX.

James Agee, o jornalista e crítico de cinema americano, lamenta que o riso ruidoso, o espetáculo da recepção do público quase levado à inconsciência nas salas de projeção, estivesse no fim nos anos 1940.[10] Ele deplorava o cinema falado, que a seu ver tirara do espectador a possibilidade de restaurar suas dores, como antes ocorrera ao público dos teatros onde se encenava o grotesco, o burlesco medieval. A sala de cinema se tornara comportada, quieta, receptiva ao

---

10 AGEE, James. "A grande era da comédia". *Revista Serrote*, São Paulo, n° 2, 2009.

O cineasta historiador | 35

jogo de palavras, ao chiste, e incapaz de abrigar o exercício de uma função gestual e existencial do riso.

Agee seguia, à margem possível da própria consciência, uma orientação filosófica de humor que avançou de Aristóteles, no primeiro e conhecido volume de sua *Poética*, às formulações de Henri Bergson em *O riso – ensaio sobre a significação da comicidade*, em 1900. Para Aristóteles, a comédia era uma arte poética que representava as ações humanas baixas, os personagens em ação piores do que nós. Mas não poderia, a baixeza, levar-nos a um estado de piedade, porque isso faria cessar o efeito cômico daquela representação. O efeito cômico nasceria de um representar desmedido, fora de propósito, dos atos de um personagem.

O homem é o único animal que ri, definiu Aristóteles. Na Idade Média, acreditou-se que, por dar risadas, o homem seria maior do que os animais, mas mísero diante de Deus, já que o Deus cristão (ao contrário do que ocorria com as divindades antigas) não ri. Entre Aristóteles, no século IV a.C., e Henri Bergson no século XIX, mostra-nos Verena Alberti, muitos pesquisadores caminharam na definição do humor acreditando realizar, com seus estudos, um pensamento pioneiro e inovador, além de necessário, sempre urgente. O pensamento do filósofo Henri Bergson, no século XIX, é o mais bem reputado e seguido até em dias atuais. E Bergson também se acreditava um pioneiro.[11]

---

11 ALBERTI, Verena. *O riso e o risível na história do pensamento*. 2ª ed. Rio de Janeiro: Zahar, 2002, p. 184.

O cômico, diz o filósofo, seria o "mecânico aplicado sobre o vivo". O vivo, para ele, consistiria na mudança constante, no tempo e no espaço, das coisas, dos acontecimentos e do homem. O vivo seria o naturalmente dado, já que, na vida, as coisas não se repetem, antes se transformam. Por isto o homem estaria em constante adaptação, "submetido às forças complementares de tensão e elasticidade que a vida coloca em jogo".[12] As doenças nasceriam da incapacidade de adaptação do corpo. A loucura e a pobreza psicológica, da incapacidade de acomodar o espírito às novas realidades. A inadaptação à vida social poderia levar ao crime. A definição do cômico como mecânico aplicado sobre o vivo ganharia sentido na medida em que o riso adquirisse uma função social. Aquilo de que se ri é aquilo de que é preciso rir para restabelecer o vivo na sociedade, era sua crença. O defeito do personagem cômico não deveria emocionar o espectador.

Mas Bergson – Verena Alberti faz notar – não chega a sintetizar suas observações em um nível importante atingido por Jean Paul Richter em *Sobre o Risível*, do livro *Pré-Escola da Estética*, de 1804, segundo o qual o cômico estaria não no objeto cômico, mas no sujeito que ri. Ele não pode aceitar que o humor tenha outra especificidade senão aquela de curar os males sociais, mas admite que, em alguns casos, essa função se lhe escapa. Para Bergson, a comédia, na vida adulta, pode funcionar como os jogos na infância. Os acontecimentos do teatro nos distrairiam da vida por alguns

---

12 *Ibidem*, p. 185.

instantes, dando-nos o prazer do riso livre, que não serviria, contudo, para a restauração do vivo, para a correção social.

O riso pode ocorrer em liberdade? O riso está em nós, que observamos as situações contraditórias, ou no objeto sobre o qual imaginamos superioridade, e que por isso nos faz rir sem remorsos? O caminho pioneiro de Jean-Paul Richter foi observar que uma abordagem estética, não estritamente filosófica, seria necessária para esclarecer o problema. Sua visão considera a poética e a estética.

"Um equívoco ou uma ignorância não são risíveis em si. Para que provoquem riso, é preciso que se tornem manifestos através de uma ação; a ação e a situação devem ser igualmente contempláveis para que sua contradição chegue à altura do cômico", é aquilo em que acredita.[13] O personagem em uma narrativa literária, como o Sancho Pança que ele cita (embora a situação narrada não se encontre no romance *Dom Quixote*), suspenso sobre um fosso, imagina-o profundo, quando não é. Pança se aterroriza de fato, mas não sabe que se engana em relação ao perigo. Somos nós, observadores, que achamos graça nesta história, porque conhecemos a circunstância de ele estar pendurado sem necessidade diante de um fosso na verdade raso.

Somente porque o objeto é apreendido esteticamente pelo sujeito é que ele se torna cômico, diz Richter. Em tese, não deveríamos rir de nós mesmos, de nossas agruras sociais, indefinições, medos infundados. Mas podemos fazer isso

---

13 *Ibidem*, p. 197.

depois que a circunstância constrangedora ou aterrorizante se vai, porque um "segundo eu" julga o primeiro.

O quadrinista americano Art Spiegelman tem clareza sobre o que, a seu ver, o humor faz. Na história de quatro páginas intitulada Desconstruindo piadas (breve ensaio sobre os vários aspectos do humor), ele diz: "Ainda rimos dos desafortunados, dos deformados e dos loucos. Mas, para evitar um sentimento de culpa capaz de impedir os prazeres do riso, deve haver um equilíbrio habilidoso entre agressão e afeto".[14]

É perceptível a mudança de estados de humor desenvolvida durante a complicada armação dos roteiros de Giorgetti. A escrita do diretor tem intuito multifacetado. São filmes concebidos de modo a disparar emoções de identificação, de semelhança, de solidariedade para uma causa, em que se ri, ainda assim, do improvável e do surpreendente protagonizado pelos personagens. O diretor e escritor parece, com isso, alertar para aquilo que o público aparentemente vive sem perceber.

A realidade do futebol, seus heróis e marginais, a fúria de quem torce e de quem conduz esse universo nem sempre são perceptíveis ao torcedor, mas Giorgetti desejará mostrar o mecanismo de funcionamento dessa imensa engrenagem, sem deixar de rir das situações inusitadas. O mesmo ocorre quando ele olha para São Paulo em Sábado, já que nem sempre o paulistano parece sensível à degradação,

---

14 SPIEGELMAN, Art. Breakdowns: retrato do artista quando jovem. São Paulo: Companhia das Letras, 2009, p. 41.

representada pelo prédio dentro do qual o lixo do presente e do passado se acumula.

Mas como o diretor faz isso? Por que seu humor parece destoar? Nem mesmo é possível, para o espectador de seus filmes, regalar-se com determinada piada, já que logo a arma do riso se voltará para a direção de quem a disparou, seu próprio autor. Daí a dificuldade de especificar ou qualificar a ficção fílmica de Ugo Giorgetti. De que maneira conceituar o humor praticado pelo artista, distante daquilo que se conhece como razão para sorrir? E será realmente necessário conceituar esse humor para entender sua arte?

Isto porque o que o diretor brasileiro parece praticar é quase a negação do humor, em muitas ocasiões. Se o entendo "frio" é porque ele parece jogar água sobre a fervura do contentamento e do senso de libertação, reações que se seguem às boas piadas. É um cinema incapaz de trazer bons ou maus personagens em conflito. Se soubéssemos quem é o bom personagem dentro de seus filmes, dele não riríamos. E do mau gargalharíamos, libertos pelo riso. Mas não é fácil encontrar categorias tão nítidas nos filmes de Giorgetti, embora elas existam por momentos, já que, para ele, o mal e o bem nem mesmo parecem existir em sua plenitude. Existiria a história, acumulada como o lixo do prédio de "Sábado", a determinar as ações presentes de todos os personagens. É como se o tempo orientasse os personagens e os destruísse. E a história os explicasse.

Em 2003, durante as pesquisas realizadas por mim para a confecção de um livro-depoimento sobre a vida cinematográfica do diretor Ugo Giorgetti, cujos filmes guardam forte teor humorístico e crítico diante da sociedade em que vive, o diretor declarou a respeito de sua obra *O Príncipe*, de 2002:

> Não sei se ficou claro no filme, então aproveito para dizer, mas eu me incluo entre aqueles personagens. Não acho que tenha feito qualquer coisa além do que eles fizeram. Quando você chega a uma certa idade, conclui que algo saiu errado, e há várias atitudes diante disso. Ou você faz uma tragédia ou uma ironia com o que aconteceu. Particularmente esta última é a minha maneira predileta de encarar as coisas, o que não desculpa a atitude de certas pessoas no filme. Uma coisa é dizer falhamos. Outra coisa é falhar tão grotescamente, representando uma plena contradição do que se era na juventude.[15]

Ugo Giorgetti não perde o humor de seu horizonte estético de artista, embora não seja fácil defini-lo em seus filmes. Ele não ri calidamente do objeto que lhe parece incompatível ou inferior, ainda que o demonstre incongruente, contraditório e subjugado. Mas o subjugado, em sua leitura, ainda não se torna digno de pena, tem altivez e sentido, apenas opera em lógica diversa daquela do espectador e do próprio autor.

---

15 PAVAM, Rosane. *Ugo Giorgetti: o sonho intacto*. São Paulo: Imprensa Oficial, 2004, p. 242.

O público não sai restaurado dos filmes de Giorgetti, como se exercesse o alívio experimentado por Agee em uma sala de cinema mudo, na qual rimos do pobretão que toma a bota por comida. Em *Sábado*, seu filme de 1994, herdeiro da comédia italiana crítica, o público ri de si mesmo, de sua altivez, de sua incongruência, reveladas pelo filme, que funciona como um terrível espelho colocado diante do espectador. Homem de seu tempo, Giorgetti descrê de qualquer visão de um riso superior, já que este supõe uma hierarquia mínima de valores que deixou de existir no mundo contemporâneo.

O cinema de Giorgetti caminha na trilha do humor que, por ser revelador, não provoca no espectador o alívio, a quente recompensa de ver, na tela, o ridículo claramente demonstrado, prudentemente distante de si, e restaurador de uma suposta correção social. Giorgetti faz humorismo em um sentido até inverso, expresso pelo dramaturgo Luigi Pirandello, que apresenta a diferença existente entre o cômico e o humor nas narrativas dramáticas. O cômico, diz Pirandello, funciona como uma advertência, um advertimento do contrário. Cita o exemplo de uma velha senhora "torpemente pintada e vestida de roupas juvenis", e explica: "Ponho-me a rir. Advirto que aquela velha senhora é o contrário do que uma velha e respeitável senhora deveria ser. Assim posso, à primeira vista e superficialmente, deter-me nesta impressão cômica. O cômico é precisamente um *advertimento do contrário*".[16]

---

16 GUINSBURG, Jacó (org.). *Pirandello: do Teatro no Teatro*. São Paulo: Perspectiva, 1999, p. 145.

E prossegue:

> Mas se agora em mim intervém a reflexão e me sugere que aquela velha senhora não sente talvez nenhum prazer em vestir-se como um papagaio, mas que talvez sofra por isso e o faz somente porque se engana piamente e pensa que, assim vestida, escondendo as rugas e as cãs, consegue reter o amor do marido, muito mais moço do que ela, eis que já não posso mais rir disso como antes, porque precisamente a reflexão, trabalhando dentro de mim, me leva a ultrapassar aquela primeira advertência, ou antes, a entrar mais em seu interior: daquele primeiro *advertimento do contrário* ela me fez passar a esse *sentimento do contrário*. E aqui está toda a diferença entre o cômico e o humorístico.[17]

Para Pirandello, convém, tratando-se de humorismo, ter presente também o significado de moléstia para o humor. A melancolia tivera na origem o sentido de bílis ou fel e havia sido para os antigos um humor na acepção material do termo. Humor frio, quiçá negro como a bílis. E banhado em reflexão.

> (...) a reflexão é quase uma forma do sentimento, quase um espelho em que o sentimento se mira. Querendo seguir esta imagem, poder--se-ia dizer que, na concepção humorística, a

---

17 Ibidem, p. 147.

reflexão é, sim, como um espelho, mas de água gelada, em que a chama do sentimento não se mira somente, mas mergulha e se apaga, o chiado da água é o riso que o humorista suscita; o vapor que dela exala é a fantasia muitas vezes um pouco fumacenta da obra humorística.[18]

Essa apreensão esfumaçada, à moda do que entendeu Pirandello no início do século XX, parece ter sido incorporada ao sentimento moderno. Para atingir a verdade das coisas, tanto o humor quanto a poesia são necessários, construídos a partir das mesmas premissas. "O humor acusa, satiriza, descobre, desmoraliza, critica, eleva, deforma, informa, destrói, constrói, imortaliza, enterra, acaricia, açoita. E sendo ele o irmão mais próximo da poesia, faz com que os humoristas tenham o direito de uma carteira de poeta e dá aos poetas um diploma de humorista. Sendo assim, ele tem a dimensão da poesia, embora não lhe seja dada importância idêntica", escreveu o humorista brasileiro Chico Anysio em um prefácio dos anos 70 para o livro *Alegre História do Humor Brasileiro*, de Jota Rui.[19]

É o humor, como a poesia, um estado indefinido. O escritor Jorge Luis Borges via no poeta alguém a operar além do raciocínio. Na entrevista concedida a Ronald Christ,[20] em

---

18 *Ibidem*, p. 152.

19 Conforme citado na reportagem intitulada "Humor sem fim", de Rosane Pavam, publicada em *Carta Capital*, edição 620, p. 61.

20 CHRIST, Ronald. "Jorge Luis Borges — a arte da ficção". In: *As entrevistas da Paris Review*. São Paulo: Companhia das Letras, 2011, p. 151.

1967, ele comenta a análise que lhe faz o entrevistador a respeito das semelhanças entre *Waste Land*, de T.S. Eliot, e o conto de Borges, O Imortal, mas o autor argentino diz não ter pensado em Eliot ao fazer seu texto:

> Bem, pode haver alguma coisa aí, mas neste caso me passou totalmente despercebida, porque ele não é um dos meus poetas amados. Eu situaria Yeats bem acima dele. De fato, se você não se importa que eu o diga, acho que Frost é um poeta mais refinado do que Eliot. Quer dizer, mais refinado como poeta. Mas suponho que Eliot fosse um homem bem mais inteligente; no entanto, a inteligência pouco tem a ver com a poesia. A poesia surge de algo mais profundo; está além da inteligência. Talvez não se ligue nem à sabedoria. É uma coisa à parte; tem uma natureza à parte. Indefinível.

É Verena Alberti, citada por Helena Maria Gramiscelli Magalhães, quem constata:

> De modo esquemático, pode-se dizer que, para as teorias clássicas, o sério e a gravidade coincidem com a verdade, de modo que o não sério (o espaço do riso) é o não-verdadeiro. Na abordagem moderna, o sério e a gravidade não coincidem mais com a verdade; o riso continua a ser o não sério, mas isso, agora, é o positivo, porque significa que ele pode ir para além do sério e atingir uma realidade "mais real" que

a do pensado. O não-sério passa a ser mais "verdadeiro" que o sério, fazendo com que a significação do riso se torne "mais fundamental". Dir-se-ia que uma teoria do riso que não incorpore essa mudança não é mais possível.[21]

Mas é Helena Maria quem adverte: "Concluo que os gregos antigos mistificam o humor, os medievalistas o renegam, os renascentistas o recuperam, os modernistas o desmistificam e os contemporâneos o domesticam e o desvitalizam".[22]

A desvitalização pode ocorrer igualmente quando o vício de que rimos "é difundido o suficiente para se fazer majoritário e poder assim ambicionar a definir de forma abrangente o corpo social que o abriga", conforme os ensaístas Concetta d'Angeli e Guido Paduano.

> Ainda que continue sendo um desvio da norma, ele por sua vez se faz norma, e substancia por si próprio o comportamento social, tornando-se de fato moral dominante. Neste caso, o ataque cômico equivale a uma batalha política e de fato se propõe contribuir a um fim propriamente político: a subversão da sociedade corrupta. A indignação que condena a imoralidade de uma sociedade que dita as leis e ao mesmo tempo se arroga o direito

---

21 ALBERTI, Verena. *Op. cit.*, p. 197.

22 MAGALHÃES, Helena Maria Gramiscelli. *... E o negro amarelou: um estudo sobre o humor negro verbal brasileiro*, tese de doutorado. Belo Horizonte, Programa de Pós-Graduação em Letras – PUC, 2008.

> de descumpri-las representa em um nível mais alto a consciência adulta, a mesma que alimenta as lutas políticas, os sermões edificantes, as campanhas de moralização, e que se alimenta da persuasão de que possa existir uma moral mais alta, a moral absoluta, à qual todo contrato social deve se conformar.[23]

No entanto, mesmo um sistema social não corrompido ou perverso pode ser objeto de agressão cômica. Em um tal caso, ele o será "exclusivamente por sua natureza de sistema, de ordem normativa que atrapalha os desejos humanos". Segundo os pesquisadores, aqui chegamos a um modelo equivalente àquele que previa o riso como punição adulta ao vício e, por isso mesmo, como algo unívoco em sua aparência, isto é, "encontramos um riso legitimamente infantil (seria este o prazer perdido que mencionava Sigmund Freud), dessacralizador da virtude".[24]

O riso é o efeito "perlocucional" do humor, acredita Gramiscelli Magalhães, "um certo estado psicológico que tende a produzir o riso",[25] ela diz, a partir das conclusões de Thomas Veatch. Não necessariamente, portanto, o humor fará rir. A lógica do riso é onírica, o que se alinha ao teorema de Bergson, segundo o qual "o absurdo cômico é de mesma natureza que o dos sonhos". E quantos absurdos são necessariamente risíveis? O importante também seria

---

23 D'ANGELI, Concetta & PADUANO, Guido. Op. cit., p. 15.

24 Ibidem, p. 17.

25 MAGALHÃES, Helena Maria Gramiscelli. Op. cit., p. 95.

admitir que o humor pode estar além da compreensão, da congruência, mesmo da inteligência, como a poesia lembrada por Borges. Igualmente podemos sentir o que ele nos oferece, sem necessariamente julgá-lo engraçado. "Não se pode trabalhar a frase ou a cena visando à graça. Tem de visar à crítica, à sátira. O humor vai ser engraçado onde puder", conforme assegura Chico Anysio.[26] Segundo Victor Raskin, "o humor, enquanto estratégia para determinado fim, é de cunho intencional, embora o humor não mire especificamente o indivíduo, ou a instituição, mas a própria condição humana".[27]

Os absurdos podem, em sentido contrário, incitar à contrariedade, algo que o humor intitulado negro revelará. Na definição de André Breton e Jacques Vaché, o humor negro é mesmo "uma revolta superior da mente",[28] por esta razão, e não momentaneamente ou obrigatoriamente, risível. Chico Anysio afirma gostar de duas definições para o humor. "A primeira é de Leon Eliachar: 'Humor é aquilo que faz cócegas no cérebro'", ele diz ao citar a frase premiada na IX Exposição Internacional de Humorismo realizada em 1956, em Bordighera, Itália, que ecoa outra conclusão de Elias Thomé Saliba: "Riso é raciocínio".[29] E outra definição

---

26 PAVAM, Rosane. "Humor sem fim", *op. cit.*, p. 61.

27 RASKIN, Victor *apud* MAGALHÃES, Helena Maria Gramiscelli. *Op. cit.* p. 95.

28 MAGALHÃES, Helena Maria Gramiscelli. *Op. cit.*, p. 50.

29 *Ibidem*, p. 53.

citada por Anysio, aparentemente dele próprio: "O engraçado de hoje é o que ontem foi triste".[30]

"O humor negro é o oposto da jovialidade, da alegria ou do sarcasmo; é uma reviravolta sempre absurda do espírito, parcialmente macabra e parcialmente irônica e inimiga mortal do sentimentalismo", escreve Breton no prefácio de sua *Antologia do humor negro*.[31] Mas, se a transgressão for considerada nociva, a sociedade talvez não a veja como humor, conforme considera a pesquisadora Maria Helena Gramiscelli Magalhães. Se alguém escorrega numa casca de banana e cai, eu rio, mas paro de rir se esse alguém tem uma fratura exposta. Isto é, "a ocorrência que antes causa o humor agora enfrenta a nocividade e, por isso, perde a graça, causa consternação".[32] Algo, em verdade, conhecido desde que o médico Laurent Joubert, em seu *Tratado do riso*, de 1579, entoou estabelecer os limites do risível. "Nada, ele argumenta, pode matar uma boa piada como apiedar-se".[33]

Para que o humor exista, é preciso então aceitar a violação:

> Aceitação do humor pode também demandar natureza receptiva, visão positiva, interesse e otimismo; consideração, compreensão, simpatia, bondade, caridade, generosidade, compaixão, magnanimidade, responsividade

---

30 PAVAM, Rosane. "Humor sem fim", *op. cit.*, p. 62.

31 MAGALHÃES, Helena Maria Gramiscelli. *Op. cit.*, p. 53.

32 *Ibidem*, p. 70.

33 GRAFTON, Anthony. "Beyond the joke – Humor the measure of the Christian". *Times Literary Suplement*, 10 abr. 1998, p. 4.

e flexibilidade de pensamento. Humor envol-
veria ainda o perdão.[34]

O humor acontece quando parece que as coisas estão normais, enquanto, ao mesmo tempo, algo de errado ou estranho ocorre. O humor seria uma violação às regras morais, éticas, sociais, religiosas, sem maltratar quem recebe tal mensagem. O humor, dor emocional que não fere.[35]

"O humorismo é a capacidade para despertar nos outros a alegria que não sentimos", diz Carlos Drummond de Andrade, como lembra Helena Maria Gramiscelli Magalhães.[36] "Já se sabe, nem tudo o que faz rir é humor ou cômico. Há o riso inteligente, aquele que nos faz rir, porque nos faz pensar de forma construtiva, ou aquele riso que aflora ao rosto por razões simples como quando somos apresentados a alguém." Dentro desse humor que origina o riso inteligente, a ironia pode ser descartada. O humor seria o inverso da ironia no que concerne às verdades, pois, se na ironia,

> "um jogo do intelecto", falo x querendo dizer y, no sentido de esconder o "verdadeiro" sentido ou a "verdade", no humor o sujeito mostraria essa "verdade", deixando escondido esse dizer.

---

34 MAGALHÃES, Helena Maria Gramiscelli. *Op. cit.*, p. 70.

35 *Ibidem*, p. 97.

36 DRUMMOND DE ANDRADE, Carlos *apud* MAGALHÃES, Helena Maria Gramiscelli. *Op. cit.*, p. 80.

> A ironia teria caráter passageiro e o humor seria estado de espírito, não tão transitório.[37]

Mais uma vez, o que é cômico difere do que é humorístico. Para Kierkegaard, "o cômico arranca o indivíduo da existência mediata e isso é o aspecto libertador, mas depois o deixa flutuando como o esquife de Maomé, segundo a lenda, entre dois magnetos, dois pólos, um de atração e o outro de repulsão".[38] Nas palavras do filósofo, o humor contém um ceticismo mais profundo do que a ironia, pois nele tudo gira não mais ao redor da finitude, e sim "além da pecabilidade". Contrariamente à crença de que as emoções são sentimentos irracionais, há aqueles que veem nas emoções pensamentos, como o filósofo Wittgenstein. Para ele, a emoção é jogo linguístico. O comportamento seria, portanto, uma forma de jogo linguístico, jogo de usar e falar sobre a palavra comportamento.[39]

Diante de uma realidade "artificial e estéril, grotesca, sem sentido", segundo uma frase proferida no filme *Lolita*, de Stanley Kubrick, de 1962, baseado em romance de Vladimir Nabokov, é que se move uma espécie de humor que deve combatê-la, rivalizar com ela. "Somos criaturas de oportunidade num vazio absoluto. A meu ver, o humor negro é movimento sem unidade. O que alguns estudiosos dizem sobre isso é que o que não se vê é que deve ter pelo

---

37 MAGALHÃES, Helena Maria Gramiscelli. *Op. cit.*, p. 80.

38 *Ibidem*, p. 80 e 81.

39 *Ibidem*, p. 85.

menos alguma aceitação, para que então se atinja a transcendência do absurdo. O humor em si não é absurdo; é a única coisa que pode nos dar esperança", diz o personagem Humbert Humbert: "A perversidade do humor negro reflete a própria perversidade da sociedade e torna o absurdo mais absurdo. Constitui, pois, vingança para punir aqueles que punem. Possui uma qualidade escapista e libertadora".[40]

No prefácio a sua antologia, Breton diz que o humor negro é "razão, insight, fuga da verdade, emoção negativa, dor, ironia, além de envolver aceitação". Para ele, envolto em boutade, "o humor é aquilo que as sopas, os frangos e as orquestras sinfônicas não possuem. Por outro lado, as estradas, os elevadores e chapéus amassados têm". Breton, psiquiatra, mostra a influência do psicanalista Sigmund Freud em sua concepção. E diz que o humor, como o cômico e a argúcia, "tem um elemento libertador, mas também possui algo bom que nos eleva e que falta a esses outros dois modos de gerar prazer através da atividade intelectual".[41]

Para Breton, o humor negro é uma "revolta superior da mente", expressão cunhada por Vaché à imagem da expressão freudiana "vingança do princípio do prazer", relacionada ao ego. Para o poeta francês, o humor negro, tal qual o surrealismo, admite o desvio do comum, e é uma defesa contra qualquer limite ou imposição, adota a liberdade para todos e em todos os sentidos. Haveria nele "ironia glacial, executiva e contemplativa, no sentido

---

40 Ibidem, p. 110.

41 Ibidem, p. 114.

kierkegaardiano-socrático dos termos". A ironia glacial, exemplifica, é usada por Sócrates diante do tribunal. Nele, com um posicionamento "completamente exterior", o filósofo distanciado agradece com frieza apenas aos atenienses cujos votos o absolvem, segundo conclusão de Kierkegaard. Agindo assim, ele "dissimuladamente atinge" os que votaram a favor de sua execução.[42]

E é preciso entender que a ironia, segundo observa Helena Maria Gramiscelli Magalhães, aprecia de forma independente os fatos, tal qual Sócrates teria feito em relação a sua condenação injusta. "O irônico, por força da própria ironia, não teria uma finalidade ou intenção, já que a intenção é a própria ironia", apoia-se ela em Kierkegaard: "A ironia seria contemplativa, quando se tem a visão certeira para o falso e o vaidoso; a ironia capta a vaidade, mas, ao fazer a sua observação, não anula aquilo que é vaidoso; não se comporta em relação a isso como justiça punitiva e nada tem de conciliador; ao contrário, reforça o vaidoso em sua vaidade". Na ironia, "o sujeito quer constantemente afastar-se do objeto, o que ele consegue ao tomar consciência, a cada instante, de que o objeto não tem nenhuma realidade". Em síntese, na ironia o sujeito sempre "bate em retirada", contestando a realidade de quaisquer fenômenos, para se safar, salvar a si próprio, "na independência negativa em relação a tudo", em um ato, pode-se dizer, de alienação defensiva.[43]

---

42 *Ibidem*, p. 115.

43 *Ibidem*, p. 115 e 116.

O distanciamento, o não se esforçar por uma resposta rápida, quente e corretiva de seu interlocutor, talvez tenha transformado a ironia em um sistema de observação bastante efetivo em si, agudamente literário e crítico, mas pouco eficaz no intuito de transformar, para melhor, um mundo socialmente injusto, artisticamente imutável e retrógrado em sua moral. Breton, pelo contrário, não apenas irônico, mas ativista da vanguarda no campo da arte, gostaria, por seu lado, de modificar a existência, de destruir bases antigas, em busca de obter uma novidade de espírito ou ação dentro de um século moderno, a solicitar transformações sociais, políticas e culturais de seus partícipes.

O humor negro, como outras formas da arte de vanguarda do inicial século XX, tinha por objetivo a demolição altiva do velho. Para Breton, o humor negro era "o oposto da jovialidade, da sabedoria ou do sarcasmo", ainda "parcialmente macabro, parcialmente irônico, sempre um insurreto absurdo do espírito e inimigo mortal do sentimentalismo", além de, como já se disse, constituir uma "revolta superior da mente". O humor, para ele, funcionaria como um arma que "opõe a incoerência escolhida à coerência social opressora".[44] Seria um humor de escolha, ocupado em transformar um estado de coisas, a reverberar o que dissera Wittgenstein, não um estado de espírito, mas uma visão de mundo.

Naturalmente, a intenção de mudar o mundo por meio da visão humorística não é exclusiva do humorista negro, apenas sua forma de ação é exclusiva. Sua altivez intelectual,

---

44 Ibidem, p. 121.

a independência irônica glacial ou sua observação anárquica de princípios morais são agudamente críticas em relação a um conjunto de ideias consideradas decadentes do ponto de vista social, artístico, filosófico ou político. Contudo, por sua insistência em usar o não-sentido e o irracionalismo como armas de combate a esse grande sistema que, apesar de decadente, parece ser simbolicamente racional, ele guarda um traço de rigidez. E é uma rigidez capaz até mesmo de evocar, no interlocutor, o princípio que ativa o riso advogado pelo filósofo Henri Bergson. Ser um humorista negro, no contexto de Breton e Vaché, é exercer um pensamento arrogante que, repetido, talvez tenha se efetivado em sentido involuntário, tornando seus defensores e suas ideias risíveis, mas não, necessariamente, seu humor.

O humor negro, assim, opõe-se a um humor que é frio, mas ainda quer a transformação. O humor frio observa o mundo reflexivamente, mas pode adotar um traço por vezes imobilista em sua ação, crítico até mesmo, portanto, de sua capacidade de transformar o que está aparentemente errado no desenho social. Ele se revela incapaz de afirmar que são corretas ou se mostrarão efetivas suas escolhas, embora reconheça a urgência de escolher e mudar as coisas de um modo inescapável. Ele não se une em torno de um mandamento de ação. É por vezes solitário, e até usa esse estado de solidão, à margem, para se fazer convencer.

Isto porque um humorista frio não tem programa a seguir. O assunto é seu estilo. Ele não pode se integrar a um movimento organizado de vanguarda artística, já que não está convicto de que a novidade é positiva, e até admira o passado. Não necessariamente modifica o formato tradicional das ficções para contestar, apenas o fará caso essa necessidade se imponha ao assunto. Pode adotar, e frequentemente o faz, os meios clássicos (o filme de narrativa linear, o romance para moças) em proveito de seu criticismo.

Ele também se revela crítico e indiferente ao riso a qualquer custo. Seu objetivo é a crítica banhada na água gelada da reflexão, a lembrar o preceito pirandelliano; o riso deve nascer dela, ou não nascer. Pode-se rir à solta de um humorista frio, mas não será a temperatura quente a orientar todo o tempo quem fabrica essa ficção. O apelo à restauração cômica, que traria a satisfação infantil ao espectador ou correção à sociedade equivocada na qual ele vive, não orienta o humorista frio em toda a extensão de seu tempo ficcional.

E esse humor reedita o Sócrates do Philebus. É uma reação à ignorância, como Sócrates definiu o riso. M. A. Reech, autor de Laughter at the foot of the cross, comentado por Grafton,[45] faz a importante observação de que, originalmente, o riso para Sócrates seria uma resposta à agnoia, ignorância, em grego antigo. Mas uma edição das obras de Platão a cargo de IanusCornarius, do século XVI, na qual o pensamento socrático era expresso, empastelou a palavra agnoia, transformando-a em anoia (loucura), o que levou grandes pensadores como Erasmo ou Rabelais, após o erro gráfico, trabalharem em prol de estabelecer o riso como uma reação capaz de corrigir a loucura.

---

45 GRAFTON, Anthony, Op. cit.

Um humorista frio, por seu lado, relativiza os conceitos de loucura, assim como os da razão. Ele se põe frequentemente a descascar à essência o simbolismo racional. A razão, para esse artista, se demonstrará por vezes risível e ainda mais incapaz de mudar o mundo para melhor, enquanto a loucura, ou a inadequação psíquica, embora igualmente incapaz, talvez possa contribuir para o desvelamento social, especialmente quando tratada de forma humorística. Ele combaterá a ignorância, não a loucura. O humor frio será também uma revolta superior da mente, exatamente como quer o humor negro de Breton, com a diferença de que não se furtará a ironizar o papel do próprio humorista ao fazer a crítica. Muitos humoristas frios, reunidos em uma sala, não necessariamente comporiam uma facção de combate às ideias retrógradas e injustas. A primeira virtude de todo verdadeiro "humorista" será, afinal, "envolver na própria ironia também a si mesmo".[46]

O que talvez possa confundir o humor frio com o entendimento negro de Breton é seu parentesco com a melancolia, do qual, de certo modo, ele se origina. A melancolia nasceu como doença a ser pesquisada, segundo descreve o médico Robert Burton (1577-1640) em 1621. Ele admite em seu tratado que a melancolia é fruto de controversas, insuficientes e confusas discussões, e que pode ter causas materiais e imateriais. Ele se ocupa, a partir daí, de diversas ocorrências livrescas, registradas na bíblia, nos compêndios

---

46 CALVINO, Italo. *Assunto encerrado*. São Paulo: Companhia das Letras, 2009, p. 189.

O cineasta historiador

curativos ou nas ficções desde os gregos, nas quais a melancolia tem importante papel. Sendo doentia para Burton, ela jamais pertenceria ao campo autoral, já que a um ser humano não conviria adotá-la racionalmente, por escolha refletida. Ninguém será melancólico por uma opção intelectual ou espiritual, ele crê.

Seu livro caminha livremente por diversos campos de interpretação da melancolia naquele período medieval. Imaterialmente, diz Burton, a melancolia seria originada por espíritos maus, entre sete e nove deles, segundo o autor descreve a partir de várias fontes teológicas do período. O estado tomaria conta do indivíduo debilitando-a ao nervosismo, à inação, à tristeza, sem que esse organismo atingido tivesse dado aos espíritos maus licença prévia para se instalar. Mas ele impõe um limite para essa crença teológica. Burton não acredita, por exemplo, que a melancolia seja constituída por almas dos homens que partiram e se transmutaram no ser doente.

Mas o médico, em nome de compor um estudo amplo, descreve o estado melancólico também literariamente, a ocorrer aos indivíduos que experimentam sofrimento amoroso, por rejeição da pessoa amada. "O amor causa feitiço e nos muda estranhamente." Ele nos apresenta os versos: "Love mocks our senses, curbs our liberties, / And doth bewitch us with his art and rings, / I think some devil gets into our entrails. / And kindles coals, and heaves our souls from th'hinges." (O amor zomba dos nossos sentidos, freia nossas liberdades, / E, porventura, encanta-nos com sua arte e seus anéis. / Penso que algum demônio entra em nossas entranhas./E acende o carvão, e desloca a nossas almas das dobradiças).[47]

Materialmente, Burton não se furta de colocar a melancolia como produto de mau uso de nosso corpo físico, especialmente aquele que consome certas carnes, como a do veado, ou alguns alimentos, como as coalhadas, ou mesmo determinadas ervas, todos responsáveis, ele diz, por debilitar a saúde a este ponto depressivo (e a melancolia nada mais seria, para ele, que uma maneira de enfraquecer o homem e seus desejos).

"Their lives, that eat such herbs, must needs be short,/ And'tis a fearful thing for to report,/That men should feed on such a kind of meat,/Which very juments would refuse to eat." (Suas vidas, já que comem ervas tais, necessitam ser curtas,/E esta é uma coisa terrível a relatar,/Que os homens se alimentem de um tal tipo de carne/Que muito jumentos se recusariam a comer).[48]

Há muitas melancolias, ele diz, até aquela causada pela idade avançada, que naturalmente debilitam o corpo. Nada, contudo, ele crê, pode se comparar a comer além do ponto da saciedade como causa para a ocorrência melancólica. Embora seu tom seja religioso muitas vezes, ou literário, ao abordar o assunto, é fundamentalmente científica, de *scholar*, sua apreensão dos fatos a envolver a melancolia. E, vezes várias, derrotistas suas conclusões: "These unhappy men are

---

47   BURTON, Robert. *Some anatomies of melancholy*. Londres: Penguin Books, 2008, p. 139.

48   Ibidem, p. 66.

born to misery, past all hope of recovery, incurable sick, the long they live the worse they are, and death alone must ease them"(Estes homens infelizes nascem para a miséria, ultrapassam qualquer ponto de recuperação, doentes incuráveis, quanto mais vivem piores são, e somente a morte deve aliviá-los), conforme está ressaltado na capa da edição de *Some anathomies of melancholy*.

Como a melancolia, assim descrita, poderia combinar com o riso? Sergio Paulo Rouanet busca-a na sua apreensão literária, no que ele denomina "forma shandiana" presente no caráter do protagonista de *The Life and Opinions of Tristram Shandy, Gentleman*, romance escrito por Laurence Sterne na segunda metade do século XVIII, tanto quanto em *Jacques o fatalista*, de Denis Diderot, *Memórias Póstumas de Brás Cubas*, de Machado de Assis, *Viagem em torno do meu Quarto*, de Xavier de Maistre, e *Viagens na minha Terra*, de Almeida Garrett. *Shandean*, ou shandiano, de todo modo, é palavra dicionarizada pelo *Webster's International Dictionary*, conforme lembra o autor.

O shandismo seria a filosofia do personagem Tristram Shandy, uma "atitude diante da vida, uma concepção do mundo, um modo de enfrentar a vida e seus absurdos", algo que o próprio Sterne atestara: "O verdadeiro shandismo abre os corações e os pulmões, força o sangue e outros fluidos vitais do corpo a circular livremente através dos seus canais, e faz a roda da vida girar longa e alegremente". Seria essa uma atitude, diz Rouanet, "entre libertina e sentimental, um sensualismo risonho, um humor afável e tolerante, capaz de perdoar transgressões próprias e alheias, mas também de zombar, sem excessiva malícia, dos grandes e pequenos ridículos do mundo". O shandismo constituiria também uma maneira de ver e sentir, "no fundo uma questão de temperamento". Neste sentido é que, para Rouanet, "podemos falar em personalidades shandianas sem pensar em Sterne, do mesmo modo que aludimos a personalidades pantagruélicas ou quixotescas sem em nenhum momento pensar nem em Rabelais nem em Cervantes".[49]

Machado de Assis, lembra o ensaísta, admitiu primeiramente ter adotado, em *Memórias Póstumas de Brás Cubas*, de 1881, uma forma própria de revelar tal sentimento shandiano. No prefácio *Ao Leitor*, ele explica: "Trata-se, na verdade, de uma obra difusa, na qual eu, Brás Cubas, se adotei a forma livre de um Sterne, ou de um Xavier de Maistre, não sei se lhe meti algumas rabugens de pessimismo. Pode ser. Obra de finado. Escrevi-a com a pena da galhofa e a tinta da melancolia, e não é difícil antever o que poderá sair desse conúbio". A viagem de Machado de Assis, aqui, ainda que remonte à forma literária de um importante antecessor, é própria, sua, quase um capricho, a demonstrar que ele tem um solitário, ainda que respeitável, ponto de vista. Solidão de finado, como convém.

Com a morte, diz Rouanet,

> Brás Cubas alcançou a edição definitiva, e com isso o conhecimento total, impossível aos mortais que devem ainda aguardar o saber contido nas

---

49 ROUANET, Sergio Paulo. *Riso e melancolia*. São Paulo: Companhia das Letras, 2007, p. 29.

> edições futuras. Ele agora pode distinguir entre a verdade e a aparência, devassando em si mesmo e nos outros todas as motivações subalternas subjacentes às ações elevadas. É essa sabedoria póstuma que permite ao narrador ver em Virgília a mulher ignorante e vaidosa que ela sempre foi, e autodesmascarar-se com uma lucidez desabusada. Combinado com a outra dádiva da morte, o desprezo pela opinião, esse saber total leva à total transparência. O narrador não somente sabe tudo, como se permite dizer tudo.[50]

Só o narrador morto vê tudo, vê o absoluto. Mas o absoluto não é deste mundo, algo que o humor tem a vocação de sugerir. Tudo perece no tempo, como as utopias políticas que tendem a delinear todas as linhas do futuro. Mas talvez as ideias utópicas não o sejam de fato, antes distópicas, por demais falíveis e terrenas. "(...) as utopias buscam a emancipação ao visualizar um mundo baseado em idéias novas, negligenciadas ou rejeitadas; as distopias buscam o assombro, ao acentuar tendências contemporâneas que ameaçam a liberdade".[51] E são as distopias as merecedoras de violenta sátira, rumo a sua extinção.

Não haveria humor frio tão perfeitamente expresso, então, quanto o deste Brás Cubas, que mescla em idêntica palheta as improváveis tintas da galhofa e da melancolia para chegar a um juízo determinado das coisas. Porque

---

50 Ibidem, p. 52.

51 JACOBY, Russell. *Imagem imperfeita: pensamento utópico para uma época antiutópica*. Rio de Janeiro: Civilização Brasileira, 2007, p. 40.

será preciso saber combiná-los, o humor e a frieza, sem se alinhar necessariamente a qualquer escola de pensamento, para julgar os fatos mundanos. E, além de tudo, criticar a própria arrogância de juiz ao pontificar sobre elas, como neste trecho de *Memórias Póstumas* editado por Rouanet:

> Talvez espante ao leitor a franqueza com que lhe exponho e realço a minha mediocridade; advirta que a franqueza é a primeira virtude de um defunto. Na vida, o olhar da opinião, o contraste dos interesses, a luta das cobiças obrigam a gente (...) a não estender ao mundo as revelações que faz à consciência; e o melhor (...) é quando, à força de embaçar os outros, embaça-se um homem a si mesmo, porque em tal caso poupa-se o vexame, que é uma sensação penosa, e a hipocrisia, que é um vício hediondo.[52]

Esclarecido, certo de seus julgamentos, "déspota" em relação a seu leitor, como sugere Rouanet, dirigindo-lhe o pensamento, mas sem esperar que se torne um súdito do que ele pensa, adepto de um criticismo no qual cabe a observação bem-humorada, Brás Cubas refletirá sobre a vida desprovido de toda a esperança que afinal, como morto, nem mais lhe cabe. Tampouco resistirá de contar ao leitor, a partir de outra dimensão, os fatos terrenos que agora pode distinguir claramente. E de expressar tudo isto por meio do romance, ainda que não aquele realista, convencional, a

---

52 ROUANET, Sergio Paulo. *Op. cit.*, p. 52.

que o público se habituara. "O leitor é levado a assustar-se com as mesmas coisas que assustaram Brás",[53] como lembra Rouanet. E poderá, por isso, desejar fugir da literatura nova, construída a partir de um formato e um espírito reflexivo inesperados. O narrador Brás Cubas, contudo, se verá indignado se quem o ler rejeitar seu caminho ficcional: "O maior defeito do livro és tu, leitor".[54]

Leitor, espectador, ouvinte, o receptor da mensagem de humor frio é também seu construtor. Em Brás Cubas, está claro, como diz Rouanet, que o leitor participa do argumento ativamente, levado a isso pelo protagonista: "(...) não faço só livros, leio-os, como tu, e sou eu próprio um livro, como tu, um livro que lê outros livros e que lê a alma dos homens".[55]

O protagonista shandiano será uma alma a caminhar entre a melancolia e o riso, incapaz do que determina o filósofo Spinoza: "(...) nem rir nem chorar, compreender". Jacques, o protagonista de *Jacques, o fatalista*, acha-se muitas vezes um tolo, quando chora. E quando ri? "Também acho que sou um tolo; entretanto, não posso me impedir nem de chorar nem de rir; é o que me dá raiva. Experimentei cem vezes... zombar de tudo... livrar-me das preocupações, não ter mais necessidade de nada... Tal sou algumas vezes; mas o diabo é que isso não dura." Em Xavier de Maistre, há o contraponto entre tristeza e alegria. "A

---

53 Ibidem, p. 55.

54 Ibidem, p. 59.

55 Ibidem, p. 59.

passagem do tempo é triste – o tempo foge, ai de nós! –, mas é sempre possível fazer frente a essa tristeza por uma atividade capaz de dar alegria a nós mesmos e a nossos amigos, como a leitura e a poesia." E, importante, talvez ele tenha certo pudor de mostrar sua melancolia.

> Daí sua adoção da forma shandiana. Ela abria espaço para a expressão de sua melancolia e punha à sua disposição um recurso para moderar seus excessos – o riso. O humor serviu para temperar sua melancolia, em vez de exibi-la aos olhos do público. Foi um véu discreto que tornou parcialmente invisível a melancolia do narrador.[56]

O narrador de Xavier de Maistre se esmera para que o leitor ria, diz Rouanet. Ele faz com que seu protagonista caia da cadeira, converse com os quadros, viaje com os livros, sinta uma sutil insinuação erótica, tudo em vão.

> Atrás do véu, a melancolia faz suas caretas. Aparece quando menos se espera uma alusão a um amigo morto. Os dois eram inseparáveis, amparavam-se na paz e na guerra. Mas ai! Ele está morto, e até sua memória morreu na lembrança dos homens. Sim, a natureza é insensível, não faz diferença entre a morte de uma borboleta e a de um ser humano, e "o homem não é senão um fantasma, uma sombra, um vapor que se dissipa nos ares". Mas o que é isso?

---

56 Ibidem, p. 208-211.

> Ele não tinha prometido só mostrar a face riso-
> nha de sua alma?[57]

Brás Cubas, à moda de outros shandianos, é um melancólico. Sua melancolia se expressa no livro por meio do
tema mórbido e também de seu ritmo narrativo, "que o
método digressivo condena à lentidão".[58] O tema fundamental do autor melancólico, a fuga do tempo, está presente em toda parte. "Matamos o tempo; o tempo nos enterra",
conforme decreta Brás Cubas. Mas no autêntico estilo shandiano também deve haver riso, e como Machado de Assis
terá resolvido este dilema?

Os autores clássicos, diz Rouanet, reconheciam dois
tipos de riso, o patológico, "sintoma de loucura", e o me-
dicinal, "que podia purgar o corpo e o espírito dos humores melancólicos". O riso patológico desempenha papel
importante em *Memórias Póstumas*, crê o ensaísta, que o aponta
em um trecho no qual aparece a gargalhada de Pandora, no
capítulo do delírio. E, no mesmo capítulo, o moribundo, já
semidemente, ri também.

> Machado cumpre conscienciosamente seu
> dever de suprir o leitor com tiradas cômicas,
> para fazê-lo rir. Mas, ao contrário de Sterne,
> não tem ilusões sobre os benefícios terapêuti-
> cos desse riso. Ao contrário, a função do riso
> parece ser a de desacreditar a ideia de que a

---

57   *Ibidem*, p. 212.

58   *Ibidem*, p. 219.

> melancolia possa ser de todo curada. É o emplastro Brás Cubas que poderia curá-la. Mas o projeto fracassou (...).[59]

Contudo, se o destino do homem é a melancolia, "sua dignidade está em rir, mesmo em face da morte, até a cambalhota final", como faz Brás Cubas. Ou, como ressalta Rouanet, "através da dialética do riso e da melancolia, é a própria morte que está sendo desafiada".[60]

Machado de Assis teria ainda se servido da sátira menipeia, gênero criado por Menipo de Gandara no século III a. C. e adotada, pelos séculos seguintes, por Varrão, Sêneca, Luciano de Samóstata, Erasmo de Rotterdam e Robert Burton, chegando até Sterne. O estudioso José Guilherme Merquior afirmava que o romance *Memórias Póstumas* deveria ser enquadrado nesse gênero, assim como Enylton José de Sá Rego, que o inseriu na tradição, ainda que a intitulasse "luciânica", caracterizada, segundo o estudioso, pela mistura de gêneros, pelo uso da paródia, pela extrema liberdade de imaginação, pelo caráter não-moralizante e pelo ponto de vista distanciado.[61]

E é exatamente nesta fronteira criativa de extrema originalidade narrativa, que não se faz nítida entre gêneros, oscilando entre a melancolia que lhe é natural, e quiçá desejoso de escondê-la pelo riso, que ocorre ao humorista

---

59 Ibidem, p. 220.

60 Ibidem, p. 237.

61 Ibidem, p. 225.

frio refletir por meio de sua ficção. Ele não age com independência negativa em relação a tudo, não propriamente contra todos deseja ser irônico, já que está comprometido em mostrar um estado social de coisas a ser transformado, interessado em despertar no público uma consciência aguda para seus problemas.

Eventualmente esse criador fará com que seu público ria sem parar, mas, dentro da mesma obra, o humorista frio não se furtará em providenciar um ritmo lento de digressão narrativa, análise e sobriedade. Seu intuito de desvelamento é solitário, já que não crê firmemente em programas de ação e união de pensamento. E, se não adota o pragmatismo dramático denunciatório, é porque entende que ao humor cabe refletir com amplitude, mais apresentar com clareza os fatos do que propor a demolição da má consciência generalizada em sociedade. Um humorista frio pode não crer exatamente que as coisas mudem, mas deve reverência ética às exigências da vida social e aceita criticamente o tempo que passa rápido e tudo consome.

CAPÍTULO 2

O cineasta historiador

"**U**m filme pode infundir em um povo, numa noite, tanta verdade histórica quanto muitos meses de estudo", disse há quase um século, em 1915, o cineasta americano D. W. Griffith,[1] autor de uma das primeiras obras históricas do cinema, *O Nascimento de uma Nação*. Seu filme, lançado naquele ano, retratava a Ku Klux Klan não como um grupo de extermínio, mas como uma representação heroica, uma das responsáveis, segundo acreditava, por forjar a identidade do país, aspirante a um bom assento no auditório mundial de nações. Griffith errou no entendimento particular de um fato social, já que, ao contrário do que imaginava, não transmitia uma verdade histórica ao destacar como benéfica a movimentação racista. Acertou, contudo, na concepção geral de que o ponto de vista de um artista seria transmitido com muita facilidade

---

1 ROSENSTONE, Robert A. *A história nos filmes: os filmes na história*. São Paulo: Paz e Terra, 2010, p. 28.

por um poderoso meio de comunicação de massa como era, naquela época, o cinema.

O Nascimento de uma Nação, imbuído da eugenia que pretendera ascender à condição científica desde o final do século anterior, defendia que a modernidade deveria se apoiar em uma exclusividade racial dos habitantes americanos de origem europeia, não africana. Sisudo, de impressionante produção e condução fílmicas, inovadoras para o período, também cumpriria uma função didática e professoral. Era um filme sobre o passado, e como toda obra que olha para trás, recortava-o para interpretar a vida em curso. Quiçá movido pela ideia do filósofo Benedetto Croce segundo a qual "a História é sempre contemporânea",[2] Griffith buscava, com seu filme, interferir sobre um presente que lhe parecia interessante modificar.

A obra do diretor comunicava sua mensagem, apropriada pelos fascismos nos anos seguintes. A lição fora dada e, infelizmente, assimilada dentro de um espírito de época. Mas a forma cinematográfica escolhida por Griffith de ensinar, monumental, aspirante à condição dramática clássica, desinteressada da leveza ao entreter, não sustentou tal "verdade histórica" no decorrer do tempo. O Nascimento de uma Nação, como se diz no jargão cinematográfico, teria envelhecido mal, assim como sua mensagem. Ainda em 1941, o escritor argentino Jorge Luis Borges, desatento ou desinteressado do aspecto racial a emanar do filme, imaginava

---

2   FERRO, Marc. Cinema e História. 2.ª ed. São Paulo: Paz e Terra, 2010, p. 28.

O cineasta historiador

que algumas obras deste autor e de outros, de similar grandeza, não permaneceriam.

> Me atrevo a suspeitar (...) que *Cidadão Kane* perdurará como "perduram" certos filmes de Griffith ou Pudovkin, cujo valor histórico ninguém nega, mas que ninguém se atreve a rever. Adoece de gigantismo, de pedantismo, de tédio. Não é inteligente, é genial, no sentido mais noturno e mais alemão desta má palavra.[3]

Para o historiador e cineasta francês Marc Ferro, a imagem nos filmes "com muita frequência dá mais informações sobre aquele que a recolhe e a difunde do que sobre aquele que ela representa, do mesmo modo que *Alexandre Nevski* nos ensina tanto sobre a Rússia stalinista quanto sobre a Idade Média russa".[4] Embora, desde o início, o cinema tenha comunicado o pensamento de seu criador, fosse ele pedante, genial ou doente de gigantismo, como nos filmes de Griffith, nem sempre o historiador esteve atento a encará-lo como objeto de estudo. É que, no início, naqueles anos em que o diretor americano elevava a linguagem cinematográfica à complexidade, a noção sobre o cinema em si se transformava e ele apenas começava a ser visto de manipulação de ilusionistas baratos para uma arte apreciada pela classe social dominante. As imagens cinema-

---

3 COZARINSKY, Edgardo. *Borges en/y/sobre cine.* Madri: Espiral-Fundamentos, 1981, p. 69.

4 FERRO, Marc. *Op. cit.*, p. 12.

tográficas deixavam a condição de gratuidade suburbana para alcançar a excelência de um sentido a ser apropriado pela elite.

Os historiadores teriam chegado tarde para entender esta relação importante que o cinema estabelecia com seu espectador, o de transmissor de um pensamento, de uma ideologia, pelo menos de um senso de existência social. Marc Ferro crê que isto tenha ocorrido porque, no início do século XX, o cinema ainda não convencera a elite econômica e intelectual de que, para além de um "espetáculo de párias", seria desvelador de um estado de coisas em determinado tempo. Os historiadores tardaram a entender o produto cinematográfico como um documento, já que "para os juristas, para as pessoas instruídas, para a sociedade dirigente e para o Estado, aquilo que não é escrito, a imagem, não tem identidade: como os historiadores poderiam referir-se a ela, e mesmo citá-la?"[5] Ademais, a linguagem do cinema "revela-se ininteligível e, como a dos sonhos, é de interpretação incerta".[6]

No prólogo a seu livro *Cinema e História*, Marc Ferro salienta que essa dificuldade vigorava ainda nos anos 1960 do século passado, por conta da rejeição, então vigente, ao cinema como detentor de status artístico. Nem Charles Chaplin, nem Jean Renoir, nem mesmo Roberto Rossellini, tidos por inteligentes *entertainers* dentro desse empolgante novo mundo, haviam, segundo ele, sido reconhecidos

5   Ibidem, p. 29.

6   Ibidem, p. 25.

O cineasta historiador | 75

como mestres e, menos ainda, mestres pensadores naquele momento. Mas, a seu ver, uma ação militante começou a modificar essa maneira de encarar um filme:

> Ora, durante os anos 1960, o grupo da nouvelle vague conseguiu impor, tanto por seus escritos quanto por seus filmes, essa ideia de uma arte que estaria em pé de igualdade com todas as outras e que, por conseguinte, também era produtora de um discurso sobre a História. De fato, já se fazia cinema havia muito tempo, mas esse reconhecimento, essa legitimação data apenas daquela época. Os festivais de Cannes e de Veneza, as publicações como os *Cahiers du Cinéma* contribuíram para isso.[7]

Desde aqueles anos, ele salienta, a imagem, especialmente aquela em movimento, tomou um lugar impositivo na vida do público no Ocidente, como se a ela correspondesse um discurso verdadeiro e inescapável, à moda da expressão "a imagem não mente". Seria preciso que uma nova rodada de embates enxergasse uma manipulação nesse discurso, algo para o qual a televisão, com seu modo de editar e conduzir os fatos jornalísticos, passou a esclarecer a qualquer espectador no decorrer do tempo. Ferro exemplifica na Guerra do Golfo, nos anos 1990, um marco para a demonstração da inutilidade do conceito da história imediata, pois, "diferentemente de uma competição esportiva, o acontecimento

---

7   *Ibidem*, p. 10.

não obedece a nenhuma regra do jogo, salvo no caso em que ele mesmo é transformado em espetáculo".[8]

Insatisfeitos com a "verdade" dita pela imprensa televisiva, os diretores de cinema, munidos da memória livresca dos fatos e também de testemunhos orais, teriam passado, desde os anos 1960 dessa "vanguarda francesa" da *nouvelle vague*, a usar ostensivamente seu veículo como produtor de documentos que reescreveriam uma história mal contada. "O filme ajuda, assim, na constituição de uma contra-história, não oficial, liberada, parcialmente, desses arquivos escritos que muito amiúde nada contêm além da memória conservada por nossas instituições".[9]

Em contraponto à História oficial, o filme teria desempenhado, como diz Ferro, um papel ativo e se tornado um agente da História pelo fato de contribuir para uma conscientização social. E, ao conscientizar seu público, sua proposta cresceria para uma ideia de mobilização. "Por sinal, como documento, o filme, seja ele oriundo do cinema ou da televisão, cria o acontecimento", crê o pesquisador.[10] Para analisá-lo, seria então preciso entender que não se trata, para o historiador, de desvendar a história ou a estética do cinema, antes ver o filme como um produto de significações além daquelas cinematográficas. "Ele não vale somente por aquilo que testemunha, mas também pela abordagem sócio-histórica que autoriza."[11]

---

8 Ibidem, p. 13.

9 Ibidem, p. 11.

10 Ibidem, p. 11.

11 Ibidem, p. 32.

Nem seria preciso olhá-la em sua totalidade, antes por seus extratos, séries, conjuntos. "E a crítica também não se limita ao filme, ela se integra ao mundo que o rodeia e com o qual se comunica, necessariamente."[12]

Para Ferro, ainda, os "lapsos de um criador, de uma ideologia, de uma sociedade, constituem reveladores privilegiados".[13] Esses lapsos, ele diz, se produzem em todos os níveis do filme, como também em sua relação com a sociedade.

> Assinalar tais lapsos, bem como suas concordâncias ou discordâncias com a ideologia, ajuda a descobrir o que está latente por trás do aparente, o não visível através do visível. Aí existe a matéria para uma outra história, que certamente não pretende constituir um belo conjunto ordenado e racional, como a História; mas contribuiria, antes disso, para refiná-la ou destruí-la.[14]

Desvendar o pensamento que há oculto em um filme, insistindo em seus detalhes, em seus lapsos, como os denomina Ferro, em um discurso lateral, que reitere de maneira oblíqua, quiçá inconsciente, as intenções do autor, reveladoras de seu tempo vivido, já oferece bastante dificuldade para um analista quando a obra ostensivamente expõe um corpus ideológico e uma intenção historiográfica, como é o caso de O Nascimento de uma Nação. Mas as dificuldades crescem quando o filme

---

12 Ibidem, p. 32.

13 Ibidem, p. 33.

14 Ibidem, p. 33.

focaliza ficcionalmente a vida cotidiana e, além disso, exibe a vocação de contrariar um discurso polarizado, limpo, direcionado, entre aquilo que o diretor deseja importante condenar num estado de coisas ou imprescindível reiterar como positivo dentro da narrativa sobre a existência. "(...) o não-dito, o imaginário, constituem história tanto quanto História, mas o cinema, especialmente o de ficção, abre uma estrada real na direção de regiões psico-sócio-históricas nunca alcançadas pela análise de 'documentos'".[15]

É que os filmes ficcionais podem pretender algo diferente de comunicar o óbvio discurso didático a seu público. Esta pretensão significaria, da parte de seus autores, uma escolha mais "inteligente" a fazer, não "genial", no sentido de sua modorrenta monumentalidade, segundo a categorizou Borges. Os filmes "inteligentes" naquele senso borgeano apenas pretendem divertir, em parte iludindo quem os vê (para o mal, para o bem) sobre seus verdadeiros propósitos reflexivos e transformadores. Tais obras não afirmam genialmente expressar uma urgência íntima ou biográfica de seu autor, embora decididamente o façam. Constroem, para isso, um discurso alternativo àquele pedagógico ou histórico, são despretensiosos, líricos ou cômicos, eficientes ao transmitir a mensagem de forma emotiva, duradoura no tempo. No caso dos filmes de humor, trata-se mesmo de uma falsa despretensão, porque, como alerta

---

15 FERRO, Marc. "The fiction film and historical analysis". In: SMITH, Paul (org.). *The Historian and Film*. Londres: Cambridge University Press, 1976, p. 81.

Elias Thomé Saliba, "numa aula ou, sob um aspecto mais extenso, em todo o processo de comunicação, o riso tem o efeito, pelo menos a curto prazo, de transformar um ouvinte frio num paciente caloroso".[16]

Quem comunica em seu aspecto humorado, especialmente frio, é movido pela urgência de arregimentação de opiniões críticas que possam cumprir o objetivo de mudança. Desprovido de pompa, o diretor italiano Mario Monicelli (Viareggio, 1915 – Roma, 2010), "toscano de nascimento e espírito",[17] foi um desvelador "inteligente", embora não se pudesse dizer "genial", de um estado social italiano no qual vigorava a desesperança, no período posterior à perdida Segunda Guerra. Formado em Direito, tendo atuado na juventude como crítico cinematográfico, começou a frequentar o mundo do cinema no início dos anos 1930, como diretor assistente de Gustav Machaty e Augusto Genina. Seu "realismo de honesta matriz popular", como o classificam as pesquisadoras Angela Prudenzi e Elisa Resegotti, e sua "habilidade indiscutível em captar os traços próprios das diversas classes sociais" levaram-no a refletir sobre "as fraquezas e qualidades dos italianos".[18]

Durante entrevista às pesquisadoras, ele responde assim à questão sobre se seria verdade que, enquanto Monicelli e

---

16 SALIBA, Elias Thomé. "As imagens canônicas e a história". In: CAPELATO, Maria Helena et al (orgs.). História e Cinema. São Paulo: Alameda, 2007, p. 86.

17 PRUDENZI, Angela & RESEGOTTI, Elisa. Cinema político italiano – anos 60 e 70. São Paulo: Cosac Naify, 2006, p. 29.

18 Ibidem, p. 29.

seus amigos diretores, como Dino Risi, realizavam seus filmes, não sabiam que estavam oferecendo uma radiografia da Itália. "Escrevíamos filmes que pudessem divertir", ele esclarece.

> Além disso, claro que era inevitável que filtrássemos ali nossas idéias, nosso ponto de vista, mas me parece um verdadeiro exagero querer fazer com que todo o cinema italiano coincida com a comédia à italiana. Éramos um grupo de amigos em grande sintonia, nos divertíamos em narrar o que víamos e não tínhamos a menor preocupação em veicular mensagens sociais ou políticas. Pessoalmente, considero isso errado. Se for bom que algo importante apareça de uma história, isso tem de acontecer sem premeditação. Nós, isto é, eu, [Rodolfo] Sonego, Age e Scarpelli, [Dino] Risi, Suso Cecchi d'Amico, [Pietro] Germi, só para mencionar alguns nomes, éramos todos autores de claras posições políticas. Éramos socialistas ou comunistas e forçosamente nossa visão representava a esquerda; porém, não fazíamos roteiros visando destacar essas idéias políticas. Nunca pensamos nesses termos e continuo a não fazê-lo.[19]

Monicelli era um socialista não-militante, da mesma forma que seus amigos do meio cinematográfico, o "grupo da comédia". Frequentavam-se habitualmente, divertiam-se, jantavam e saíam juntos.

---

19 Ibidem, p. 30 e 31.

> Não acho que tenha havido, alguma vez, a necessidade de pontuar nossas posições; conhecíamos uns aos outros e nunca nos desentendíamos, nem por diferenças ideológicas, nem por espírito de competição. E, repito, quando escrevíamos nossas histórias e rodávamos nossos filmes, o aspecto que mais nos interessava era divertir o público. Naturalmente, a diversão não pode ser um fim em si mesma e, de fato, sempre dávamos aos filmes um tempero de ironia que, por vezes, resvalava na amargura. Embora nosso modo de fazer cinema fosse diferente, alimentávamos um profundo respeito e uma grande estima por aqueles que faziam filmes engajados.[20]

Embora não se pudessem chamar de engajados os filmes de Monicelli, no sentido de que buscassem transparecer a orientação política de um partido, eles representavam um apelo à crítica e à mudança, representando um comprometimento reflexivo de seu autor. Naqueles anos 1970, especialmente, época em que começaram a aparecer as obras mais ácidas do cineasta contra um estado de coisas, o que estava no ar pela Itália era o chumbo das balas. Era um período no qual as esperanças de reerguer-se cultural e economicamente das mazelas do fascismo resultavam pouco realistas. Começara entre os italianos a difusão do terrorismo, das medidas extraordinárias tomadas em nome da ordem pública, contra as Brigadas Vermelhas, contra a ação deplorável que resultou na morte de Aldo

---

20 Ibidem, p. 31.

Moro, um líder da democracia cristã, em 1978. Não se sabia onde estava exatamente o bandido e onde morava o mocinho. Nem se era o caso de ter esperanças na representação do cidadão por um Estado democrático, constantemente atacado pelo crime organizado em razão de sua fragilidade, ou sucumbir à ação individual, dispensando a intermediação das instituições.

Naqueles anos, um clima norte-americano fílmico em que os indivíduos faziam justiça com as próprias mãos tinha seu ápice em um título como *Desejo de matar*, estrelado por Charles Bronson em 1974. Monicelli dirigiu *Um burguês muito pequeno* três anos depois, como uma contrafacção dessa experiência americana. Baseado no primeiro romance de Vincenzo Cerami, que se tornara um dos roteiristas europeus mais requisitados do período, o filme mostra que a ação vingativa poderia partir de um homem italiano comum, um funcionário público exemplar. Monicelli sentia necessidade de realizar um filme que condenasse a ideologia justiceira, sem mediações confiáveis, que ele começava a presenciar na sociedade italiana da época. O diretor funcionava como uma testemunha histórica de um terrível presente. Era, a seu modo, um historiador, a seguir o que escreveu Robert A. Rosenstone: "os cineastas (alguns deles) podem ser, e já são, historiadores, mas, por necessidade, as regras de interação de sua obra com o passado são, e devem ser, diferentes das regras que governam a história escrita".[21]

---

21 ROSENSTONE, Robert A. *Op. cit.*, p. 22.

O cineasta historiador | 83

Quando Monicelli leu o romance homônimo de Cerami, lançado em 1976, imediatamente pareceu-lhe "perfeito" para revelar seu "estado de espírito", nascido no passado, mas vigente naquele presente.

> O livro fala de um funcionário que poderia ser contratado de qualquer ministério italiano, e que em seu trabalho vive as frustrações que todo funcionário vive. E, não por acaso, a primeira parte do filme é muito divertida, porque algumas situações são cômicas. O que havia de diferente era a introdução de um espírito competitivo que até então não era central nos filmes italianos. Mas esse burguês bem pequeno − pequeno porque pertence à pequena burguesia, mas duplamente porque, no fundo, é um ser desprezível − é cheio de desencantos e vive só para o filho. Quando matam o filho, durante um assalto, é tomado de uma ferocidade profunda, que nem sabia possuir, e então se sobrepõe à polícia, sequestrando e torturando o assassino. Enfim, torna-se um monstro, não movido pela dor da perda do filho, mas porque a natureza monstruosa já estava dentro dele.[22]

Adiante, segue Monicelli lembrando que não se trata, a rigor, de uma classe denominada burguesia, a que ele retrata em Um burguês muito pequeno:

22 Ibidem, p. 32.

> (...) ela não é nada. É uma classe que não é mais operária ou camponesa, mas que também nunca será nem sequer pequeno-burguesa. Com as grandes migrações do Sul para o Norte da Itália, não houve tempo para uma passagem harmônica de um estado social para outro. Esses trabalhadores rurais foram fundar as fábricas do Norte, enriquecer a Itália e industrializá-la, mas não tiveram tempo para absorver as mudanças decorrentes deste fato. Assim, essas pessoas, que eram cheias de piedade, tornaram-se impiedosas. Mas mesmo que tivessem conseguido fazer parte da burguesia, não teria sido melhor. Naqueles anos, a burguesia já não era aquela que contribuíra para fundar a Itália, e sim uma classe refém de uma mudança negativa, uma classe que o poder político estava corrompendo, e que se deixava corromper de bom grado.[23]

Como o protagonista da trama, Monicelli escolheu Alberto Sordi, um ator a seu ver magnífico, excelente, um intérprete revolucionário, porque, antes dele, o cômico no cinema italiano era um homem bom, "um cara que no fundo não fazia mal a ninguém, mesmo quando a vida o castigava".[24] Sordi, acredita Monicelli, reverteu essa visão, colocando para fora o pior que havia nos homens e, sobretudo, nos perdedores.

---

23 Ibidem, p. 33.

24 Ibidem, p. 33.

Seus personagens não raro são maus, detestáveis, prontos a prejudicar os outros; são traidores, fracos. Em suma, ele manifestava o pior lado do italiano e não se limitava àquela tranquilidade do meio-termo no qual até então os atores cômicos trabalhavam. Obviamente não foi fácil convencê-lo a rodar *Um burguês muito pequeno*, porque aí se tratava de dar um salto a mais, de não se limitar à ilustração da maldade, mas de chegar à monstruosidade. Lembro-me de que ele pensou muito e mais de uma vez esteve a ponto de largar tudo; depois, porém, o que o convenceu a ficar foi o fato de saber perfeitamente que, no bem ou no mal, o papel valorizaria ainda mais seus dotes inatos, sua capacidade de dar densidade às personalidades trágicas. Porque não podemos esquecer que Sordi era um grande ator trágico; e eu tivera como sondar seus dotes em *A Grande Guerra*, portanto sabia que ele não me trairia.[25]

Quando o filme foi lançado, conta Monicelli, ele, enquanto diretor da obra, viu-se atacado por todos os lados. Alguns, ele diz, compreenderam suas reais intenções, mas a maioria dos críticos ou pessoas que o encontravam ao acaso perguntavam-lhe como poderia ter elevado um monstro à condição de protagonista. "Mas eu pretendia exatamente isso, que o público ficasse horrorizado e, ao mesmo tempo,

---

25 *Ibidem*, p. 33-34.

pudesse reconhecer-se em Sordi, que tivesse medo do lado monstruoso de si mesmo".[26]

No filme, o lado monstruoso se revela desde o início, como a mesclar estados de reflexividade e desencanto, dentro de um espírito de humor frio que orienta o diretor. Em um fim de semana no campo, na companhia do adorado filho, o senhor Vivaldi pesca um pequeno lúcio, que o aferroa quando fisgado. O homem decide então matá-lo rapidamente, dada a ousadia do peixe em feri-lo, e faz isso de forma desproporcional, esmagando sua cabeça com uma pedra. O sangue escorre, e o filho Mario ironiza levemente a força descomunal do pai em direção a um ser tão pequeno. Mas a felicidade do jovem em ter se formado contador é o que o orienta. No campo, em meio à chuva que poderia ter estragado um fim de semana, pai e filho comemoram o feito. Mario diz que vai trabalhar para ajudar a família, mas é repreendido pelo pai: "Pense só em você. Lembre-se de que, neste mundo, basta falar com os olhos, e não com a cabeça, que alguém lhe apunhalará pelas costas". E prossegue: "Estamos satisfeitos [ele e a esposa]. Nosso filho é um contador. O que mais poderíamos querer? Para nós, os outros não existem. Estamos velhos, não temos nenhuma outra ambição. Só temos de morrer em paz, com a consciência limpa".[27]

---

26 Ibidem, p. 34.

27 MONICELLI, Mario. Um burguês muito pequeno. DVD Coleção Cult Classic, s/d.

"Muitos inimigos, muita honra" é a meta cômica da vida de Vivaldi, já que ele não convence nem mesmo sua servil e desconfiada esposa de possuir inimigos por razões honradas. Esse italiano médio, como o classifica Monicelli, não é respeitado em casa ou no ambiente de trabalho. E então tenta obter superioridade no ambiente livre das ruas, aquelas sem hierarquia clara, nas quais a posse de um carro assegurará alguém a impor-se sobre os demais. Ao volante, Vivaldi ultrapassa todos os veículos perigosamente, viola as limitações trânsito, zomba do motorista de um coletivo, fechando-lhe a passagem e é, todo ele, autoridade e lei: "Vá tomar no cu, você e seu ônibus inteiro", grita de sua janela ao motorista.

Seu chefe, a quem pedirá o favor de favorecer o filho – este dono de notas finais tão medíocres na conclusão do curso de contador que não o classificariam a um emprego público – recebe Vivaldi à mesa de cabeça baixa, já que é preciso estar nessa posição para retirar as próprias caspas, caídas sobre um papel. O chefe se gaba da limpeza do couro cabeludo ao subordinado, que glorifica o ato higiênico e também o tamanho de uma grande crosta despencada sobre a mesa. Vivaldi trabalha no Departamento de Pensões e só conseguirá alguma facilidade para o filho, diz-lhe o chefe seborrento, se adentrar a maçonaria, o que o pai faz prontamente, apesar de temer castigos de Deus. Ao Senhor pede perdão em casa, sobre a privada. Deus, aquele que não gosta dos maçons, é a luz que entra através de uma pequena janela do banheiro. E a senha para que Vivaldi enfrente um cômico e negro ritual maçônico de aprovação é também esta. Pergunta-lhe seu chefe, à porta do recinto onde se dará seu rito de iniciação: "O que quer, profano?" E ele lhe responde após algum tempo, esquecido momentaneamente da palavra-chave combinada: "A luz!"

Depois do ritual, ele estará pronto a receber ilegalmente, das mãos do chefe, as perguntas selecionadas para o exame de ingresso do filho no serviço público. Mas o filho parecerá desinteressado de aprender as respostas que o pai meticulosamente preparara. Mario dorme enquanto Vivaldi as repassa, à noite, em casa. O pai decide carregá-lo até a cama, sob o olhar apaixonado da mãe. No dia do exame, tenta instruir o filho durante a viagem de metrô, mas ele só tem olhos para uma passageira adiante, desligado de seu grande objetivo de vida, que, afinal, não parece ser dele, mas do pai. Antes de chegar ao prédio onde se submeterá ao teste, um assalto na rua o atinge, uma bala a esmo vinda de um atirador. O pai não percebe o que ocorre, procura pelo filho e só o vê morto, caído a seu lado, após aquela passageira do metrô informá-lo do rápido ocorrido.

A morte de Mario deixa apoplética sua mãe, mas o senhor Vivaldi se contém. Ele continua a batalhar. Desta vez, pelo enterro do filho. Trata-se de uma batalha épica, porque não há vaga nos cemitérios. Os corpos, deixados em caixões, são amontoados em um imenso salão subterrâneo, no qual os parentes velam seus mortos, aos gritos, à espera do dia em que um pedaço de terra seja liberado para o descanso dos entes queridos. Os corpos, contidos nos caixões, vez por outra explodem em estalidos. Às vezes, não é possível encontrar seu parente, ele está alto demais, não se lê direito a etiqueta com seu nome, vela-se a pessoa errada, ou o esquife, empilhado em prateleiras, pode escorregar do alto até o chão. Todos gritam e acendem velas no ambiente trágico, mas também amargamente risível deste cemitério improvisado, ironicamente coabitado, naquele instante, pelos vivos.

Por tanto e tudo, o senhor Vivaldi não hesitará quando, após inúmeras visitas à polícia para reconhecimento do assassino, o encontra entre outros suspeitos. Não avisa, contudo, aos policiais que se trata dele, e decide segui-lo desde a delegacia por conta própria. A justiça será feita apenas por suas mãos. Ele atraiçoa o rapaz, bate-lhe na cabeça e o carrega para sua cabana no campo. Lá o tortura. Sua mulher está horrorizada com suas atitudes. O torturado morre diante dela. Ela morre também, algum tempo depois. O padre, na missa de sétimo dia da esposa de Vivaldi, afirma querer ser Deus para mandar "uma sentença irrevogável de morte geral" a todos os homens sobre a Terra. Nada resta a invocar senão a benevolência do Sumo Juiz, acrescenta o reverendo, sem que seja possível saber a que, ou a quem, ele claramente se refere. Vivaldi está só. Na saída da igreja, é ofendido por um jovem, o qual atinge sem intenção ao abrir a porta do carro. Vivaldi se desculpa, mas o jovem o despreza. "Você deveria agradecer a seu Deus por ser um velho louco", diz-lhe o rapaz. E então o protagonista de Monicelli segue o agressivo desconhecido pela rua, sugerindo que repetirá com ele o ciclo do sequestro e da tortura.

Tão representativo de um espírito italiano médio parecerá Vivaldi se o compararmos a outro grande personagem de uma década anterior, o Bruno Cortona vivido por Vittorio Gassman em *Il Sorpasso* (*Aquele que sabe viver*), de Dino Risi (1916, Milão–2008, Roma). Em 1962, esse filme surgia pioneiro ao encenar uma narrativa de estrada, o *roadmovie*. Observa-se como Vivaldi dialogara cinematograficamente com Cortona, era mesmo sua consequência histórica. Aventureiro, o protagonista de Dino Risi vive de expedientes em seus 40 anos. Bebe e fuma o que lhe pagam e dão. Com seu carro esporte, um Lancia conversível, passeia pela estrada durante o feriado italiano de *Ferragosto*, o 15 de agosto no qual se comemoram a Assunção de Maria e o início das férias de verão. Está à procura dos amigos que lhe faltam. Quer falar com um deles, mas não tem como ligar do telefone público. E então pede a um jovem à janela que lhe jogue uma moeda. O jovem lhe sugere que use seu telefone de casa.

Roberto Mariani, vivido por Jean-Louis Trintignant, é um universitário do curso de Direito que usa o feriado ensolarado para estudar. Está sem os pais. Cortona sobe até seu apartamento, telefona e rapidamente compreende a situação do estudante. Não se pode perder o feriado, ele conclui, e arrasta Mariani à sua companhia na estrada, também porque o estudante lhe pagará pelo combustível. Sua aventura começa sempre com a reticência do jovem, que pensa a todo instante em voltar para casa, culpado e incerto sobre a sanidade de seu companheiro ao volante, que se ri

O cineasta historiador 91

de todos a quem ultrapassa, como os ciclistas. Mas Cortona, ao contrário daquele Vivaldi, está feliz à estrada. Ao realizar suas ultrapassagens perigosas, demonstra certo controle, já que buzina antes de agir. Sua buzina parece pertencer a um outro veículo menor, sem motor, tem o som um pouco estridente, "jovem", ainda que seu rosto seja notadamente marcado pela experiência de vida, ao contrário daquele de Mariani, sorridente e pequeno como um garoto.

Os dois companheiros veem a vida passar pela estrada, divertem-se, indagam-se. Estão expostos porque seu carro não tem janelas. Padres falam com eles em latim, e só Mariani os entende. Encontram jovens alemãs a quem perseguem, sem sucesso. Cortona vai à casa onde moram sua mulher e filha, e descobre que esta sai com um homem bem mais velho, a quem ele ironiza. O pai da jovem cobra da mãe impedir o namoro, mas ele não tem autoridade suficiente para exercer a cobrança, já que abandonara a função de marido e chefe de família. A mãe acha por bem deixar a menina aos cuidados de quem possa protegê-la, velho ou não. Juntos, pai e filha parecem-se com namorados, e mesmo em uma ocasião ele flerta com ela, quando não a pode reconhecer, já que usa uma peruca. Cortona lhe diz que não sabe ser pai e ela lhe pede que não mude.

A um certo ponto da aventura, Cortona acompanha Mariani à casa de alguns parentes, o velho tio e uma prima mais velha, por quem, na infância, o estudante se enamorara. Os parentes moram num casarão que funciona como um triste mausoléu para Cortona. Mas ele logo se ambienta, tenta movimentar as pessoas com seu fácil trato, chega a soltar o cabelo preso da prima recatada, e com ela se entretém, enquanto faz Mariani observar que seu tio fora corneado pela mulher, já que o filho do casal, primo do estudante, tem a cara e os trejeitos de um funcionário da família. Com seu saber da rua, Cortona percebera rapidamente o que ele, menino letrado, jamais notara em toda a vida. Ao fim da jornada, dentro do carro, alegre ao ver o amigo ultrapassar os carros pela estrada, Mariani diz a Cortona ter vivido o dia mais feliz de sua vida, mas logo, após uma ultrapassagem, um acidente leva o veículo a cair em um barranco, e Mariani morre.

Para Risi, Il *Sorpasso* é "a história de duas pessoas, um indivíduo que vive de favores, alegre, mas não confiável, que encontra um jovem estudante, seu oposto. Convida-o para tomar um café e depois fazem uma viagem que acaba como se vê no filme". Esse sujeito que foge de qualquer responsabilidade, vive de favores, "é um pouco malandro e simpático, rouba mulheres, pega cigarros dos outros e toma dinheiro emprestado", representa "o italiano que surgiu no pós-guerra", mas também "um personagem muito vivo, muito italiano, e por isso o filme teve tanto sucesso". Alberto Sordi, que 16 anos depois viveria aquele outro italiano médio, desta vez sem qualquer leveza, embrutecido por sua condição de classe e de caráter, fora convidado por Risi a interpretar este papel, como o cineasta revela: "Perguntei ao Sordi se queria representar este personagem. Contei-lhe a história por alto. E ele disse: 'Entendi. É um

O cineasta historiador | 93

filme em que me empenho muito, mas no qual os méritos vão para outro', errando completamente a mira". A inadequada recusa pode explicar o fato de Sordi ter-se empenhado, mais de uma década depois, em representar uma evolução de terríveis consequências do tipo italiano em Um burguês muito pequeno.

Segundo Risi, o "assunto" de Il Sorpasso nasceu de duas viagens que ele fez pela Itália. A primeira delas, na companhia de um "maluco" produtor milanês, para quem o diretor realizara cerca de 30 curtas-metragens, Gigi Martello. "Ele corria também de automóvel, tinha participado das [corridas italianas] Mil Milhas."[28] Um dia (eles moravam em Milão), Martello lhe pediu para acompanhá-lo até a casa da irmã em Varese. "Gigi me divertia, com ele sempre acontecia alguma coisa, era o rei do imprevisto, e eu lhe disse sim. Depois da visita à irmã (era domingo de manhã, ano de 1950, aproximadamente), me propôs: 'Vamos dar um pulo na Suíça para comprar cigarros?' Naquela época se passava pela fronteira sem passaporte, e às dez estávamos em Lugano. 'Onde vamos comer?', perguntou. 'Conhece Liechtenstein? Te levo até o príncipe de Liechtenstein para comer.' Um pouco depois de uma hora estávamos diante do pomposo castelo. Gigi mostrou um bilhete de bonde de Pavia (usava-o também para ir ao estádio), disse ser um jornalista e informou que o príncipe lhe havia prometido uma entrevista. O velho príncipe não se recordava de nada, mas concordou gentilmente em falar. À uma e meia estávamos à

---

28 RISI, Dino. Depoimento dentro do DVD de Il Sorpasso. Versátil, 2006.

mesa com o príncipe e toda a sua família. Eu havia apostado que ele não se sairia bem nessa, mas perdi, naturalmente. Isto para descrever o tipo. A arte de simular, de se arranjar, uma grande exuberância. A guerra havia forjado aquela espécie de caráter."[29]

O diretor italiano, que se formou em psiquiatria, mas, "cansado de cuidar de gente que não se curava", lançou-se ao cinema, liga o maneirismo italiano a suas necessidades históricas. Nas recordações e casos narrados em I miei mostri (Os meus monstros), livro de memórias fragmentadas de sua autoria, Dino Risi conta, por exemplo, a história de um conhecido, o eletricista Venanzio Barabini, com quem convivera dentro do universo cinematográfico. Barabini fora aprisionado no campo de extermínio de Buchenwald, durante a Segunda Guerra Mundial, e ganhara a confiança de um cão do comandante do campo. Ele entrava na casinha onde o animal era preso, agachava-se, brincava com ele e, à espera de que um sargento nazista enchesse a tigela, dividia com o bicho a ração abundante. Deste modo, conseguira sobreviver. Depois da guerra, no cinema, engordara, fizera crescer dois "bigodinhos malandros" e passara a agradar às mulheres. Casara, tivera dois filhos, enamorara-se da atriz francesa Michèle Mercier. No verão de 1966, sem emprego, recebeu um telefonema no qual lhe perguntavam se tinha disponibilidade para trabalhar no Taiti. "Onde é?", perguntou, e, após saber que a localidade se encontrava longe, nos "mares do sul", partiu. Depois de seis meses "no arquipélago mais lindo do mundo", ficou noivo

---

29 Ibidem.

de uma jovem "com aquela cor de mel que coloca coroas de flores no pescoço dos turistas" e o prenderam por bigamia. Fugiu. Retornado a Roma, fez mais dois filhos. Um dia lhe telefonaram convidando-o a um trabalho na China. Foi baleado, perdeu uma perna, voltou à Itália, "fez mais um filho, o último", e morreu com Aids.[30]

A segunda viagem pela Itália que resultara no assunto de Il Sorpasso fora realizada pelo diretor com outro produtor de cinema, Pio Angeletti. "Ele também era um tipo estranho", conta Risi. E prossegue:

> Fomos até Maratea para encontrar externas de um filme com Anita Ekberg. E fizemos esta longa viagem, parando somente de vez em quando para comer. O garçom, contudo, não agradava a Angeletti, e trocamos de restaurante. Era domingo. Ele ligava o rádio para ouvir o jogo, depois desligava o rádio se o time perdia. Foi uma viagem alucinante, ao fim. Chegamos a Maratea de noite, e lá só havia um hotel fechado. Dormimos no carro. E esta foi a outra aventura que me inspirou a contar uma viagem de carro a dois.[31]

As duas histórias resultaram no roteiro que o diretor finalizou com Ettore Scola e Ruggero Maccari. Risi o considerou o trabalho em torno do filme "bonito, divertido". Mas a obra foi lançada, segundo ele, "sem interesse". Na

---

30 RISI, Dino. I miei mostri. Milão: Mondadori, 2004, p. 18-19.

31 Ibidem, p. 9-10.

época, Vittorio Gassman não agradava ao público. Havia feito um filme no mesmo ano com o diretor Roberto Rossellini intitulado *Anima Nera* (Alma Negra), no qual seu personagem era um homem com um passado bissexual de prostituição que tenta se reabilitar socialmente, casando-se. Ele espera morar em uma *villa* suntuosa, herdada de seu amante morto, mas a irmã homossexual do amante aparece para reivindicar a propriedade. Ele se refugia com uma amiga prostituta e lhe conta como sobreviveu ao nazismo oferecendo serviços sexuais a um militar alemão. Acerta-se com a mulher, mas ao fim do filme se vê como um prisioneiro burguês.

"Eu estava com o produtor na noite em que *Il Sorpasso* estreou no cinema Corso, em Roma. Dentro havia cartazes pendurados do filme anterior, *Anima Nera*, que fora um fiasco total", conta Risi. "O povo passava, via o rosto de Gassman e fugia. Na sala havia somente trinta, quarenta pessoas. Lembro que o produtor [Mario Cecchi Gori] estava desesperado e disse: 'Quer dizer que você volta para a medicina e eu vou reabrir um nightclub.' Ele tinha sido diretor de casas noturnas. E achamos que o filme não iria ter sucesso. Em vez disso, de noite, o boca a boca foi forte e o cinema se encheu de gente. Todos se divertiram muito apesar do final trágico, que mexeu um pouco com as pessoas e que, na verdade, o produtor não queria. E no terceiro dia não era possível entrar devido à multidão. O produtor temia o final, que filmamos por último, porque tínhamos de sacrificar o carro. No dia anterior, tinha chovido e o produtor disse: 'Se chover amanhã, voltamos

O cineasta historiador | 97

todos para Roma', porque ele queria acabar o filme alegremente, com o carro pelas estradas, buzinando. Mas o sucesso do filme se deu também devido a esse choque que provocamos no público. É um pouco cruel, mas se parece com a vida, não é? Um belo feriado que acaba tragicamente."[32]

Na Argentina, conta ainda Risi, a palavra *sorpasso*, que em italiano significa ultrapassagem, passou a fazer parte da língua cotidiana ao designar um certo tipo de homem, malandro, playboy, prepotente ou grosseirão. Para os espanhóis, passou a equivaler a "fanfarrão". Na Itália, havia um restaurante com esse nome. Nos Estados Unidos, foi um sucesso; em Nova York, ficou meses em cartaz. "Meu filho, que havia visto o [diretor Martin] Scorsese em Los Angeles, dizia que ele amava o filme e tinha sua própria interpretação da viagem de Gassman. Segundo ele, olhando um mapa, o percurso desenhava uma espécie de ponto de interrogação. Não sei de que lado enxergava o ponto de interrogação, se às avessas ou não, mas ele via a coisa desse jeito. Isto para dizer o quanto falaram sobre o filme. E daí veio muito do sucesso de Gassman nos Estados Unidos, e depois na Argentina, onde se tornou um deus."[33]

Vittorio Gassman (1922, Gênova – 2000, Roma) diz acreditar que, caso precisasse citar um único filme importante em toda a sua carreira, destacaria *Il Sorpasso*. "Além de lindíssimo, é um retrato excepcional da Itália daqueles anos,

---

32 RISI, Dino. Depoimento, *op. cit.*

33 *Ibidem.*

os últimos anos do bem-estar, do *boom*",[34] afirma, referindo-se ao clima posterior, trazido a partir do final dos anos 1960, que resultaria em filmes como Um burguês muito pequeno, um estado de coisas assim resumido por Risi:

> Tenho um diário onde ocasionalmente escrevo algumas linhas. Mas de 1968 até o fim dos anos setenta as páginas estão em branco. 1968 é o ano no qual começou a revolução jovem. Começou na América, difundiu-se na França e chegou à Itália. Até entre os meus amigos cineastas (...) aparecia de vez em quando a vontade de mudar o mundo. [O diretor Pier Paolo] Pasolini os fotografou. "A massa de jovens cujo exército foi misteriosamente recrutado em 1968 depois desapareceu misteriosamente", disse. Mas não foi exatamente assim que aconteceu. Porque nos anos setenta se difundiu uma moda esquerdista. Era a moda de atirar. Primeiro nas pernas, depois na cabeça. Magistrados, jornalistas, homens da política foram alvos fáceis de assassinos. O ápice daquela campanha vil e feroz se fez com o sequestro e assassinato de Aldo Moro (...) A moda do assassínio terminou, mas não aquela de ocupar a cidade, assaltar os bancos, destruir lojas, incendiar carros, provocar represálias. Eram pequenos demagogos que imitavam Che Guevara

---

34 GASSMAN, Vittorio. Depoimento realizado em Roma em 1999, incluído no DVD de Il Sorpasso. Versátil, 2006.

e encontravam na "internacionalização" uma palavra incendiária.[35]

Gassman, que, como diz, representou no clássico de Risi o último suspiro alegre e irresponsável do italiano, ainda que a caminho do abismo, crê que os filmes envelhecem rapidamente. E que aqueles que não envelhecem são os que "documentam certos períodos históricos, mesmo pequenos", como seria o caso de *Il Sorpasso*. Ele diz acreditar no "caráter do gene italiano, essa capacidade de resolver com um riso, muitas vezes negro, até as coisas dramáticas, uma capacidade de se virar, uma certa flexibilidade nos aspectos da vida e da arte".[36] Esta característica italiana teria criado "uma planta que deu frutos viçosos. Houve atores magníficos como Sordi, [Marcello] Mastroianni, [Nino] Manfredi, [Ugo] Tognazzi. E havia uma grande gama de diretores afora os *hors-concours*, como [Federico] Fellini, [Michelangelo] Antonioni e [Lucchino] Visconti. Sobretudo, aqueles que faziam um filme nem sempre de primeiro nível, mas acima da média, com alma, como Monicelli, Risi e Scola, mais tarde. Embora muito diferentes entre si, tinham algo em comum. Nunca eram chatos. Acreditavam nos atores. Ajudavam-nos, deixavam-nos livres, sobretudo Risi. Foi com ele que mais me diverti, porque ele contava com o improviso". O talento de Dino Risi, ele diz, era também o de "observador dos detalhes", revelando uma curiosidade por tudo o

---

35 RISI, Dino. *I miei mostri*, *op. cit.*

36 GASSMAN, Vittorio. Depoimento, *op. cit.*

que acontecia, "um senso de eros agradável, alegre". "Em *Il Sorpasso*, divertíamo-nos feito loucos, éramos jovens, trocávamos mulheres." Ele acredita ter tido ali muitas de suas melhores oportunidades. "Eu me orgulho da invenção que fiz neste filme, quase como o meu Hamlet. É quando aperto uma mulher em um restaurante e lhe digo: 'Modestamente.' Foi o primeiro filme em que mostrei meu rosto verdadeiro, tornando-o nem tão odioso como foi, é e sempre será."[37]

Entre Risi e Monicelli, dá-se, portanto, um diálogo reflexivo, com fortes traços documentais, sobre a Itália do imediato pós-guerra e dos anos de terror de esquerda. Risi, como observa Gassman, trabalha com a doçura do detalhe, mostra esboços de humor notadamente frio em muitos momentos nos quais seria justo, para o espectador, esperar uma comicidade quente partida de tal protagonista, de face tão perfeitamente talhada para ela, ainda que "odiosa", até negra em tantos momentos. É um filme que dosa sem ferir, que surpreende ao sugerir estados de ânimo diversos e mostra um caráter oscilante do principal personagem da trama.

Mas o protagonista irresponsável, no fundo, é um bom sujeito, porque o período em que ele vive ainda sugere uma esperança, uma crença no próximo. Os momentos de tristeza neste filme têm traços de lirismo, como aquele final, quando Mariani tomba, ou mesmo outros, ao Cortona aperceber-se, por exemplo, de não poder agir como pai, embora algo íntimo, ligado talvez à posse ou à ancestralidade, ou

---

37 RISI, Dino. I miei mostri, op. cit., p. 132 e 134.

mesmo aos instintos, o leve a fazê-lo. Ou quando o mesmo Mariani se dá conta de que não notara a óbvia ocorrência da traição sexual de sua tia e o mausoléu habitado pela família que outrora tanta inspiração lhe dera. Os momentos caricaturais, de rigidez humorada, como quando os dois deparam com padres apenas capazes de falar em latim, risíveis quando Cortona os confronta, ou a chegada dele à casa familiar do jovem, indicando a Mariani, por exemplo, o homossexualismo que ele jamais suspeitara em um dos funcionários cheio de trejeitos femininos, ou quando o *sorpasso* se vê acordando na praia italiana de verão abarrotada, atingido pelas bolas atiradas por crianças barulhentas, não se prolongam além da medida.

Il Sorpasso documenta um período. Mas também antecipa o que virá, ao sugerir que tanto os excessos da boa vida, quanto a eletricidade no ar de seus protagonistas, não irão favorecê-los, pelo menos não se eles deixarem de se apoiar em instituições fortes, como o trabalho, o estudo, o casamento, a vida familiar. Cortona exerceria um último ponto de equilíbrio nessa vivência livre ou libertina, exemplificada pelo carro que corre além do permitido, contra a bicicleta que movera os anos da guerra e simbolizara até mesmo uma cinematografia anterior, a do neo-realismo de *Ladrões de bicicleta* (Vittorio de Sica, 1948). A corda que aquele aventureiro estica além do tempo permitido de juventude se mostra prestes a arrebentar. É um *villano*, no sentido italiano de que é um ser grosseiro, campesino, ao lidar com um novo mundo. Mas não um vilão, ou vil.

O humor teria de mudar naturalmente anos depois, quando o terror viraria apenas a caricatura que o mesmo Risi enxergara em suas memórias a partir do sonho de 1968. Em *Um burguês muito pequeno*, o humor é frio, para não dizer que gela, porque não há lirismo em qualquer instante da narrativa, ao contrário do que *Il Sorpasso* esboçara tão naturalmente em seus personagens repletos de meios-tons. Contudo, na obra de Monicelli, os estados de comicidade escrachada e quente ainda existiriam fortemente, como a evocar a pedra martelada na cabeça do peixe, no início espetacular do filme. Monicelli é duro na reflexão, impassível no tom de conduzir a narrativa, mas, aqui, também move seu humor frio pela tragédia. Vivem-se de fato anos em que a moda é assassinar, como relatara Risi, mas nem se pode chamá-la, essa onda, de modismo à esquerda, antes se parece com uma adesão livre ao banditismo, a que os pequeno-burgueses prontamente responderão em contraponto, por uma vocação que o filme de Monicelli lhes sugere própria, natural.

São filmes documentais, mas, sobretudo, ficcionais, uma grande ficção de observação da vida pessoal e das vidas que circundam seus criadores, também roteiristas (em *Um burguês muito pequeno*, assinam o roteiro Monicelli, Vincenzo Cerami e Sergio Amidei). A frieza que se exibe na forma reflexiva não é aquela que retire qualquer emoção da tela, antes pelo contrário. Embora de forte carga documental, são filmes por demais inteligentes, presos à terra da imaginação, não à da realidade. Geram o acontecimento, antes apenas de relatá-los. E permanecem a interessar porque tão bem documentaram o presente e delinearam o futuro, sem envelhecer suas possibilidades enquanto arte. Parece que a história entra neles só quando autorizada a entrar.

Como observa o escritor Philip Roth sobre seu trabalho a partir do romance *The Counterlife*: "Nem tanto a história era tão importante, mas o lugar ganhava importância", ele diz, ressaltando a necessidade, a partir daquele livro, de narrar o que pensavam as pessoas em Londres, Israel ou Praga, de forma a fazer o lugar gerar a necessidade histórica. Mas, para realizar isso, ele jamais acreditou ser necessário se afundar em pesquisas. "Usualmente não me volto aos livros até ter um primeiro esboço de minha história. Eu não quero ser enjaulado pela realidade (...) Quero que minha imaginação vá para onde desejar ir."[38]

A mentalidade ficcional herdada do romance de artistas como Dino Risi e Mario Monicelli foi transmitida, no Brasil, pela cinematografia de mão única de Ugo Giorgetti. Seu cinema paulistano, urbano, sem seguidores, operado a partir da imaginação, sem engajamento político, não dependente da realidade, mas a ela ligado livremente, antecipador de um momento histórico e reflexivo em relação ao presente e ao passado, exerceu o humor a partir das lições italianas, como se verá a seguir.

---

38 TAYLOR, Benjamin. "Philip Roth: I'm not cadge in by reality". Entrevista realizada para o *The Telegraph*. Disponível em: <http://www.telegraph.co.uk/culture/books/authorinterviews/8523311/Philip-Roth-Im-not-caged-in-by-reality.html>.

CAPÍTULO 3

O sonho urbano a partir do alto

go César Giorgetti nasceu em 28 de maio de 1942 em Santana, zona norte de São Paulo, filho de uma professora primária, Elza, e de um engenheiro civil da região da Toscana, Osvaldo. O pai de Giorgetti era homem de grande cultura, com formação em engenharia mecânica e eletricista, habilitado na vida adulta a trabalhar como químico e também engenheiro civil, embora as construções de sua autoria não pudessem ultrapassar três andares. Elza passara a infância na rua Brigadeiro Galvão, Barra Funda, e se estabelecera na juventude à rua das Palmeiras, em Santa Cecília, ambas localidades centrais. Osvaldo mudara-se ainda criança da rua Santa Ifigênia para a rua José Paulino, também no centro. Casados, os dois passaram a residir no distante bairro setentrional, adequado, contudo, a começos e recomeços, uma vez que os terrenos onde se fixavam as residências se mostravam acessíveis a quem ainda não se estabelecera financeiramente. Os pais de Giorgetti, cuja casa fora construída por um avô de Ugo, trabalhavam fora. Sua Santana representava a cidade complexa, de novas feições sociais e imigração multiforme, com ambientação diversa daquela caracteristicamente italiana encontrada em bairros como Bela Vista e Mooca.

Muitos dos imigrantes fincados na zona norte, naqueles anos 1940, fugiam da guerra da Europa e das perseguições fascistas a grupos étnicos. Eram, por exemplo, poloneses e judeus os que buscavam refúgio na região, mesclados aos italianos, a compor um cenário semelhante, no entender de Ugo Giorgetti, ao do filme *Era uma vez na América*, de Sergio Leone (1984):

> Santana era como aquele Brooklyn [retratado no filme pelo diretor italiano], muita confusão na rua, bondes, automóveis, cavalos, ônibus, pessoas com capote europeu sob o sol brasileiro, sotaques impressionantes, muito interessantes, nomes impronunciáveis, dos quais imediatamente se fazia uma corruptela. Hopfel virava Fofo. De Ugo tiraram Sabugo. Não dava para escapar.[1]

Os sotaques e os capotes inadequados ao clima quente aportavam para compor uma nova mentalidade dentro da cidade já habituada aos fluxos imigratórios iniciados no final do século XIX. Para Santana afluíam as novas famílias

---

1   PAVAM, Rosane. *Ugo Giorgetti: o sonho intacto*. São Paulo: Imprensa Oficial, 2004, p. 28.

não só de estrangeiros, mas daquelas pertencentes a um outro norte, o dos nordestinos do Brasil. Na vizinhança da casa, construída como presente ao casal em início de vida por um dos avós de Ugo, a família Giorgetti convivia com o que lhe era novo, um centro comercial circundado por campos de várzea hoje inexistentes, em um trecho atualmente compreendido entre as avenidas Santos Dumont e Braz Leme, ao redor do Campo de Marte.

Nas proximidades da rua Alfredo Pujol, onde fora fixada a residência familiar e se localizavam os italianos com suas escolas, igrejas e um pequeno comércio, também havia estabelecimentos de lazer como o Bar e Bilhares Brasil, cujo slogan era "Bar e Bilhares Brasil, famoso até no Nordeste". O bilhar representava ameaça moral às famílias que aspiravam a uma nova ordem social burguesa. Ao lugar acorriam os desocupados sem horizontes. Pode parecer uma "fanfarronice", mas não era, conta Giorgetti sobre o bilhar pitoresco, "famoso" para além de suas quatro linhas, que patrocinava a integração dos migrantes internos fugidos da seca e da miséria. "Os marginais chegavam às vezes de ônibus e eram avisados que a polícia os esperava de braços abertos no centro. Então, eles entravam pela via Dutra e, em vez de irem para a região central, dirigiam-se para Santana. Passavam na sinuca do Bar Brasil, viam se efetivamente havia algum problema e voltavam ao centro" se alguém dizia que a barra estava limpa e seria possível prosseguir. "A vida em Santana terminava no meio da rua Voluntários da Pátria e era retomada depois da Ponte das Bandeiras, no trecho onde virava

Ponte Pequena. Todo aquele pedaço não era nada, passava um bonde e só."[2]

Ali Ugo jogava futebol e basquete com algum destaque, além de exercitar o lazer por meio de outros jogos, como o de sinuca, normalmente sem o consentimento dos pais. Frequentador do ímpeto de Babel das ruas do bairro, lá onde nordestinos misturavam-se a europeus, Ugo Giorgetti, a partir de uma colina, observava o centro da cidade abaixo, então simplesmente intitulado "cidade", e os grandes prédios, representantes de sonhos de ascensão, a circundá-lo. Ele se sentia extasiado ao avistar do alto o edifício Martinelli, os prédios do Banco do Estado e do Banco do Brasil. Os letreiros, como os da Gessy-Lever, no Martinelli, realçavam o prédio de fachada e altura impactantes, que o maravilhavam por suas misteriosas luzes, acesas à noite.

"Sempre gostei de arquitetura, e somente de fachadas. Estou com o senhor Giuseppe Martinelli, que construiu um belo exterior em seu edifício sem ter a mínima ideia do que fazer dentro dele. Por mim os interiores permaneceriam vazios",[3] diz Giorgetti, cujo pai, toscano e construtor, guardava alguma semelhança com o comendador que erguera o prédio famoso.

Frequentador de escola pública, um aluno inteligente e inconstante nos estudos, que errara ao escolher cursar o Científico no ensino médio, Giorgetti procuraria por outro caminho no qual se especializava o ensino daquela fase, o

---

2   Ibidem, p. 29.

3   Ibidem, p. 31.

Clássico, ligado às Ciências Humanas e à literatura, já que amava os livros de filosofia da biblioteca do pai (lia Friedrich Nietzsche, especialmente, e também René Descartes, sem paixão especial por Friedrich Hegel). Naquele tempo, cinema para ele resumia-se à possibilidade de "farra" com as garotas em alguma das salas do bairro, existentes também para esse não-declarado fim. Gostava de assistir aos filmes de ação, sem qualquer predileção por diretores. E, como todos os seus colegas, corria atrás dos títulos "científicos", que de ciência não tinham nada, eram em verdade "filmes de mulher pelada", em suas horas de lazer.

"O cinema, a bem da verdade, me interessava fortuitamente", ele reflete sobre essa época da vida em que o futebol, o jogo de bilhar e os livros lhe tomavam o tempo e a concentração.[4]

> O cinema na minha formação sempre foi algo periférico, nunca fui uma pessoa de amar o cinema profundamente enquanto espectador. Minha geração era de literatos. O livro, para nós, era algo incomensuravelmente maior que o filme. Até que apareceram o Neo-Realismo italiano, a nouvelle vague e depois Fellini e outros italianos. Só então passamos a achar que cinema era mais do que um entretenimento.[5]

---

4   Ibidem, p. 54.

5   NAGIB, Lúcia. O Cinema da Retomada – Depoimentos de 90 cineastas dos anos 90. São Paulo: Editora 34, 2002, p. 222.

Havia uma grande curiosidade entre os espectadores, que, de forma inesperada, tomavam conhecimento de várias correntes cinematográficas simultaneamente em São Paulo.

> Tenho a impressão de que tudo isso surgiu por força de Dante Ancona Lopez. Este programador, que tempos depois fundou o Cine Belas Artes, transformou o Cine Coral, uma sala de cinema de nível inferior e pouca bilheteria na rua Sete de Abril, centro da cidade, num espaço de arte. Quando os filmes começaram a dar público, os grandes exibidores foram na onda e a coisa andou.[6]

Em Santana, havia quatro cinemas. O Hollywood era uma enorme sala com balcão, hoje transformada em Shopping Santana, de onde ainda é possível visualizar o formato da tela na parte de trás da construção. O cine Santana existe lá dentro, hoje, em uma pequena sala. O cine Vogue ficava na Voluntários da Pátria, era pequeno com cadeiras de madeira adequadas "à farra". E havia o Santa Terezinha e o Colonial, grandes também. No Vogue, eram exibidos as comédias italianas e os "filmes científicos".

No centro da cidade, apareceram para os espectadores, simultâneos, a nouvelle vague, Ingmar Bergman, os primeiros Federico Fellini, Michelangelo Antonioni e os filmes japoneses, nos cines Niterói e Jóia, no bairro da Liberdade.

6　PAVAM, Rosane. *Op. cit.*, p. 54.

"Foi quando o cinema começou a tomar um vulto muito grande para mim."[7]

Giorgetti se lembrava de um grande filme a impressioná-lo em primeiro lugar, *A Doce Vida*, de Federico Fellini. Também gostava de alguns títulos da nouvelle vague, como *Os Primos*, de Claude Chabrol, "no fundo um filme literário", das primeiras obras de François Truffaut e, claro, de *Acossado*, de Jean-Luc Godard, "que marcou todo mundo". "Mas tenho também um carinho, uma grande admiração por um cinema francamente subestimado, para o qual os cineastas torcem o nariz, que é a comédia italiana dos anos 1950 e 1960", ele diz. E prossegue:

> Dino Risi, Mario Monicelli, Castellani, Vittorio de Sica, que, além de *Ladrões de Bicicleta*, fez muitas comédias. Eram comédias de situações, que vão no cotidiano e o transformam, o fazem reviver. Talvez dê para perceber em meus filmes esse gosto por um tipo de cineasta irreverente, essa comédia sobretudo de Risi e Monicelli.[8]

Os caminhos cômicos, em sua formação, foram naturais, embora ele tenha notado, no decorrer do tempo, um desinteresse do público culto em relação aos filmes de humor característico.

---

7   *Ibidem*, p. 54.

8   NAGIB, Lúcia. *Op. cit.*, p. 222.

> Hoje subestima-se a comédia. Quem faz comédia é imediatamente jogado num canto do espectro artístico, como "o cara que faz comédia". Buster Keaton é definitivamente um gênio. Não sei se é porque a comédia tem uma ligação imediata com o popular, porque as pessoas preferem rir a chorar, acho que isso incomoda os intelectuais. O fato é que esses cineastas são subestimados.[9]

Ele lamenta que entre os marginalizados estejam os italianos, para quem, a seu ver, funciona a máxima segundo a qual o assunto é o estilo, e não é preciso especializar-se em um gênero para filmá-lo.

> A teoria muitas vezes é ruim, quando o teórico começa a cercar o cinema e a ser mais importante que o próprio artista. O cinema italiano foi demolido por uma certa crítica ideológica que obrigava o cineasta a ser sério e político. Nos anos 1970, quem não analisava a Itália sob o ponto de vista político, quem não era Elio Petri ou Francesco Rosi, não fazia filmes. Nos anos 1970, Dino Risi na Itália era chamado de "cineasta menor". A crítica acabou com o cinema italiano, exatamente como os *Cahiers du Cinéma*, que, na minha opinião, acabaram com o cinema francês.[10]

---

9   Ibidem, p. 222.

10   Ibidem, p. 222.

Embora tenha sentido grandes alegrias como espectador, ainda ia longe a ideia de fazer ele próprio cinema. Aluno inteligente, mas pouco aplicado no ensino básico, todo ele cursado em escola pública por impossibilidade de a família pagar por um estudo particular (o que Giorgetti não lamenta, lembrando que no ambiente estadual aprendeu de maneira excelente, por exemplo, o idioma francês), ele hesitava na carreira a seguir. Decidiu-se em 1963 pela Faculdade de Filosofia da Universidade de São Paulo, localizada na rua Maria Antônia, centro da capital, já que a história do pensamento aprendida nos livros do pai lhe apeteciam. "Era tudo meio caótico, como a época. Em 1963, houve a efervescência. Em 1964, o golpe. Em 1965, o horror."[11] Não terminou o curso e por acaso escapou de ser preso durante a invasão policial à faculdade naquele último ano, escondendo-se por horas dentro do bar do outro lado da rua, rapidamente fechado após a chegada da tropa de choque com seus cães, a mando da ditadura.

Aos 20 anos de idade, um entre três irmãos, Ugo Giorgetti começava a "ter despesas". "Minha mãe trabalhava, meu pai também, e ficava chata para mim aquela situação, já que eu ainda morava com eles."[12] Julgou que era tempo de se sustentar financeiramente, e então obteve um emprego, primeiro como selecionador de pessoal na Gessy-Lever, depois como auxiliar de atendimento a clientes na agência de publicidade Alcântara Machado. Em um lance de

---

11 PAVAM, Rosane. *Op. cit.*, p. 46.

12 *Ibidem*, p. 48.

ousadia, candidatou-se a escrever roteiros para filmes publicitários na agência. E, quatro meses após exercer a função, viu-se como diretor de algumas dessas películas.

"Naquela época, não havia muito comercial para cinema. Era basicamente para a televisão, mas tudo feito exatamente como no cinema de longa-metragem", ele conta.[13] "Era tudo caro como qualquer filme de longa-metragem. As fusões, os efeitos, a passagem para o óptico, a mixagem, era tudo como um filme normal. A única diferença é que no final fazia-se uma redução para 16 mm para mandar para a televisão. Mas, num comercial para cinema, era igual, porque já saía a cópia em 35mm."

Além disso, naquela época, quando se trabalhava com comerciais, recebia-se uma influência "fundamental" do pessoal da Vera Cruz. Quando o estúdio da Vera Cruz fechou, todos os seus funcionários foram para a publicidade e para a televisão. Eles fundaram duas companhias de comerciais, a Lynx Filmes e a J Filmes. O diretor técnico da Lynx, Chick Fowle, fotógrafo de O Cangaceiro, Tico-tico no fubá e O pagador de promessas, dava os parâmetros do padrão fotográfico dos comerciais em São Paulo. "Quer dizer, havia um apuro técnico muito grande", crê Giorgetti.[14]

Sua principal escola como diretor, diz, foram os filmes nos quais trabalhou como assistente do cineasta publicitário Julio Xavier, com quem aprendeu a seriedade existente no ato de filmar. Um diretor deveria se preparar para a guerra,

---

13 NAGIB, Lúcia. Op. cit., p. 221.

14 Ibidem, p. 221.

ele entendera, e ser firme na batalha da condução, como um general, respeitado por quem comandava, atento ao domínio técnico dele exigido, ou o filme fracassaria.

> Se não fosse o cinema publicitário, que, este sim, tem continuidade, não existiriam filmes em São Paulo. Não haveria câmera, equipamentos. O que manteve vivo o cinema foi a produção publicitária. Se o pessoal da Vera Cruz, em vez de criar a Lynx Filmes, tivesse voltado para seus países, onde é que eu iria começar? Foi o cinema publicitário que segurou o cinema de longa-metragem.[15]

Nos tempos do milagre econômico brasileiro, em que os orçamentos para uma película publicitária de alguns segundos podiam alcançar cifras de 200 mil dólares, Giorgetti era um diretor bem remunerado, almejando se tornar cineasta. Começou com *Campos Elíseos*, em 1973. O curta-metragem exibia o declínio do antigo bairro paulistano aristocrata. E destacava o depoimento do malandro Quinzinho, o Rei da Boca, ator na única peça teatral dirigida por Giorgetti, *Humor Bandido*, no Teatro Brasileiro de Comédia, em 1982.

> Eu já ouvira falar desse célebre marginal da Boca do Lixo quando, em 1973, todos os delegados [de polícia] que procurei durante a pesquisa para *Campos Elíseos* me indicaram o nome de Joaquim Pereira da Costa. Ele era a pessoa capaz de contar

---

15 *Ibidem*, p. 223.

as melhores histórias, ele que fora o Rei da Boca, e proclamava o fim dela. Fiquei tão impressionado com o testemunho de Quinzinho, com a maneira engraçada de ele falar, de colocar as coisas, que o levei como referência para mim por muitos anos e alguns filmes. *Jogo Duro, Festa*, todos fazem uma menção secreta a ele. Eu gosto dessa vida marginal. Uma parte de mim é cafajeste. Esses ambientes de sinuca... Vagabundo não pensa em nada, eu acho legal.[16]

Em *Campos Elíseos*, Giorgetti, que gosta de se anunciar "um superficial, um mediterrâneo, o dia inteiro tomando sol, não sou um alemão atrás das profundezas da alma", documenta a passagem do bairro nascido aristocrático, em verdade o primeiro planejado da cidade, bem demarcado, com seus lotes de determinado tamanho, nomes "impressionantes de rua", como Alameda Nothman ou Alameda Glete, para uma zona de prostituição e crimes.

Isto me atraiu (...): esse movimento que você faz, essa coisa vã que, no fundo, são esses projetos. O tempo é o primeiro revolucionário, quer dizer, sozinho, ele faz todas as revoluções. Alguém concebe o plano e as coisas acontecem para desmenti-lo, sem que necessariamente haja uma causa histórica definida para esse fim, um levante, nada. (...) Eu não tinha nenhuma aproximação com o bairro, a não ser de estar

16 PAVAM, Rosane. *Op. cit.*, p. 211.

sempre por lá e admirar sua estrutura arquitetônica. A coisa só passou a ser visceral para
mim quando o Quinzinho entrou no filme.
Com Edifício Martinelli, foi tudo diferente.[17]

Edifício Martinelli, outro documentário, agora de média-
-metragem, 30 minutos de duração, foi realizado em 1975.
Naquele ano, os moradores do prédio outrora brilhante,
representante fracassado do sonho de modernidade dos arranha-céus, viam-se ameaçados de expulsão, algo que pos-
teriormente de fato ocorreu.

> O Edifício Martinelli era um landmark da minha
> infância. Eu morava em Santana na época, um
> lugar bem mais elevado da cidade. A gente batia
> papo sentado naquela rua Voluntários da Pátria
> onde em torno só havia mato, vendo a cida-
> de atrás de nós: o Campo de Marte, o Clube
> Espéria, o rio Tietê. Lá na frente existiam dois
> prédios: o Martinelli e o Banespa. Depois, veio
> o Banco do Brasil ao lado – se você quiser, en-
> tão, havia três prédios. Mas o Martinelli tinha
> mais appeal, em cima dele havia um tipo de
> outdoor circular todo feito de madeira, onde
> a Coca-Cola e a Gessy Lever fincaram seus lo-
> gotipos. Era um diferencial, de qualquer lugar
> de Santana a gente via o prédio. Quando eu ia à
> cidade, num ritual com meu pai e minha mãe,
> ele estava lá, aquele negócio assombroso. Com
> o decorrer do tempo, ele começou a virar uma

17 Ibidem, p. 19 e 80.

> lenda para mim. (…) o Martinelli tinha um salão de sinuca fabuloso no primeiro andar, e já então corriam lendas de assassinatos cometidos dentro do prédio. (…) ficava olhando a construção e me perguntava: "Quem será que está no prédio às nove e meia da noite?"[18]

Levou Giorgetti a fazer o filme seu apreço pelo prédio, mas também a urgência de registrar seus moradores antes que o despejo anunciado se desse, sob a justificativa da reforma da abalada construção. "Já me perguntei várias vezes onde foram parar essas pessoas despejadas do lugar, que simplesmente decidiram ficar ali até o fim."[19]

Os personagens descobertos durante o documentário, como o homem que criava aves soltas dentro do apartamento e o religioso que ali realizava cultos, são fontes de inspiração para o longa-metragem *Sábado*, dirigido por Giorgetti duas décadas depois.

> O *Martinelli* foi uma das matrizes de *Sábado*. A outra foi que, em diversas ocasiões, para fazer comerciais, passei pela situação de criar o cenário em um ambiente hostil. Por exemplo, a cena da mesa do café, no Jardim da Luz. Há outras coisas também, como rodar o filme num lugar só. Nunca tive muito dinheiro para fazer meus filmes, em todos botei dinheiro meu.[20]

---

18 *Ibidem*, p. 84.

19 *Ibidem*, p. 86.

20 *Ibidem*, p. 87.

O cineasta historiador | 121

Antes houve *Quebrando a Cara*, sobre o lutador Eder Jofre, em 1983, também uma elegia à cidade decaída e ao pugilismo como destino, à moda de *Rocco e Seus Irmãos*, de Lucchino Visconti (1960), mas no formato de um documentário, agora sem narrador. O filme visita familiares de Jofre, todos ligados ao pugilismo, documenta suas lutas famosas, o background que proporcionou a formação do campeão mundial. Na primeira cena do filme, Giorgetti pergunta ao boxeador o que desejaria ver expresso naquela obra sobre sua vida, e Jofre lhe diz que quer a verdade, não "cinema".

Jogo Duro, a primeira ficção de Giorgetti, lançada em 1986, traz um *ménage à trois* de desfavorecidos, exercido no um bairro paulistano do Pacaembu, hipoteticamente decaído. Uma mulher que precisa sustentar a filha habita irregularmente o subsolo de uma casa à venda. Ela vive entre o mundo de dois homens, porteiros contratados por corretores, e cede a quem lhe possa assegurar proteção e sustento. O filme, de iluminação fria, alterna os estados de humor escrachado, por conta de um dos porteiros enamorados, mas é eminentemente tenso, dramático, as palavras duras e assustadas proferidas pela mãe, mescladas a cenas surrealistas, como a de uma velha que come bananas, atrás das grades que cercam um imóvel vizinho.

A carreira de Ugo Giorgetti, após o sucesso crítico de *Jogo Duro* no Festival de Cinema de Gramado de 1986, decola com *Festa*, em 1989. O acontecimento em si, que supostamente dá título ao filme, jamais é visto. Apenas sabemos, no desenrolar do filme, que três homens contratados para entreter os convivas estão encerrados no subsolo, esperando a hora de atuar, falando de sua vida na cidade, ora melancólicos, ora divertidos, mas sempre representantes do declínio.

Neste espírito caminha *Boleiros*, de 1998, contos clássicos sobre o futebol unidos pela condução de quatro amigos à mesa de um bar. Esses homens viveram o ambiente do esporte e lamentam não mais poder existir dentro dele. Lembram-se de histórias clássicas, como a do juiz ladrão, viciado em apostas, que precisa favorecer, com seu apito, um determinado time muito ruim, ou os *bookmakers* tornarão sua vida difícil, senão impossível. Em outro conto, o jornalista apaixonado por um ídolo santista sai à sua procura e o localiza à distância, na favela; ele promete falar ao repórter no centro da cidade, em restaurante fino, estará bem vestido, para que sua imagem de antiga majestade jamais se desfaça. A entrevista não sai, tamanha a admiração do jornalista pela recusa do craque em admitir que decaiu.

Há o técnico burro, loucamente preocupado com a concentração de seus atletas, mas um deles, pelo menos, foge de sua vigilância no hotel, rumando facilmente a uma noite amorosa com beldade, em seu próprio quarto. Um craque com sério problema físico é levado a um curandeiro por fanáticos de torcida organizada, já que nenhum médico do clube profissional lhe assegura a cura. O jogador negro desfaz-se de sua namorada branca e de seu filho para assinar um contrato milionário com clube estrangeiro, mas no caminho de volta se vê parado por policiais, um deles negro também, que mal podem crer ser o jogador o real e sorridente proprietário de um carro caro. E há a história do menino que joga bola genialmente, adicionado a uma equipe de garotos sem talentos que pagam por um professor, mas que some de repente dos treinos, porque sua vida na criminalidade já está traçada.

Quatro anos depois, é a vez de Giorgetti filmar *O Príncipe*. O filme mostra o retorno de um intelectual a São Paulo depois do auto-exílio em Paris. Este intelectual, professor universitário, tem o irmão encarcerado em uma clínica de repouso, sob diagnóstico de loucura. O irmão, historiador, confecciona vídeos, com a ajuda de alunos da escola, nos quais refaz episódios da historiografia brasileira, como a Revolução de 1924, com o intuito de desfazer a oficialidade dos fatos ensinados, que, a seu ver, não favoreceriam o brasileiro. O intelectual revê a ex-namorada, chefe de eventos de uma grande empresa; o amigo de rigidez cômica, mas bom sujeito, que agora promove cursos de cultura para empresários ricos; o jornalista ferino e alcoólatra, antigo companheiro, em cadeira de rodas; e acompanha, incrédulo, o empenho de um psiquiatra em se tornar tema de escola de samba. Ainda é a cidade decaída o centro de seus interesses. Ela agora se vê forte e amargamente ironizada pelo delírio coletivo de ascensão, quando tudo à volta não passa de ruína, exemplificada pelos sem-teto na praça dom José Gaspar e pela cultura vendida como negócio nas livrarias e nas salas das empresas.

Em 2006, Ugo Giorgetti apresenta a continuação de *Boleiros*, e desta vez o esporte surge como um triunfo profissional da sociedade, mercantilizado, gélido, vazio. O bar onde os velhos do primeiro filme se encontravam foi reformado, virou lugar a acolher o conceito de espetáculo que deve acompanhar os negócios. Um velho futebolista está desmemoriado de seu suposto passado como jogador no exterior e, na volta ao País, busca uma ex-namorada incerta de o reconhecer.

Em 2010 é a vez de Ugo Giorgetti apresentar o longa-metragem *Solo*, no qual um velho mostra em monólogo o desencanto por sua condição etária, amargo contra a cidade isolada nos condomínios. Ele se recusa a existir socialmente nesse espaço, a consumir suas propostas e bens, e tem a impressão cínica, não acovardada, de que o isolamento o levará a ser morto.

Dois anos depois, o longa ficcional *Cara ou Coroa* observa a cena paulistana durante a ditadura com enfoque não na política, mas na cultura de época. A narrativa se dá em 1971, durante a prisão no Brasil dos integrantes do grupo teatral Living Theater, tido por subversivo. A ditadura recrudesce, mas ainda assim Giorgetti providencia um desenho de sutilezas para os personagens da cidade, sejam militares (um general da reforma se orgulha de sua ética e um oficial condena a barbárie gerada no seio do exército), resistentes (um diretor de teatro tem propostas esquerdistas, mas, viciado em jogo, é incapaz de gerir uma família e está em crise criativa), reacionários do cotidiano (um motorista de táxi condena os comunistas mas é um bom homem de família, capaz de atitudes generosas em relação aos seus) ou jovens, prontos para lutar por seus ideais enquanto amam, estudam e vivem o sonho de pertencer a esta rica esfera cultural. Há humor na emergência e na ruína dos personagens comuns, nem vilões nem mocinhos, antes construtores de um tempo no qual todos representam um papel. O diretor procura vê-los com justiça histórica, amplitude de sentimentos, até doçura, e evita o suspense entre opressores e resistentes.

Giorgetti, que presenciou o período, dá pistas da atmosfera nos teatros, nos restaurantes onde imperava a fumaça dos cigarros, nas ruas vigiadas, na cenografia, no vestuário, nos objetos de um tempo. Ele recompõe a ação dupla de uma companhia teatral contra a censura à arte e pela resistência política. Nada parece dar certo para o diretor do grupo, na vida profissional nem na íntima, sua mulher escritora decidida a procurar um salário digno na tevê, sua irmã mística inconformada em lhe conceder eterno abrigo. Em meio a esse estado de crise, ele ainda se vê na inevitabilidade de colaborar com o Partido Comunista, que o intima a procurar um esconderijo para dois perseguidos. O local será o porão na casa de um antigo general da reserva, avô da namorada de seu irmão. O esconderijo se efetiva sem que se possa apontar, no general, alguém de fato consciente do ocorrido em seu porão.

Pela primeira vez em uma ficção de Giorgetti, a cena de um beijo num parque, entre o irmão do diretor e sua namorada, sugere frescor e envolvimento amoroso, ainda que tudo à volta desautorize o otimismo. Eles fazem amor em local inóspito, em razão dos impedimentos gerados pela moral da época, e de forma cômica, pois está frio e é preciso tirar muitas camadas de roupa antes do sexo. Os jovens têm de enfrentar o perigo por seus ideais, e o filme indaga a que preço. Em um cemitério, o diretor de teatro e o severo militante comunista concluem que vale a pena o risco envolvido na libertação do País. A juventude lutará por uma vida futura melhor do que aquela então experimentada pelo coveiro diante deles. Em uma sequência, o diretor, após ver incendiado o teatro onde encenaria sua peça, decide reunir o elenco e anunciar o fim do grupo, mas não somente isso. Sua capacidade criativa, ele sugere, também está no fim.

Em *Cara ou Coroa*, é como se o diretor desse as pistas históricas para os temas desenvolvidos em *O Príncipe* dez anos antes. Em 2002, Giorgetti mostrara com amargura um espírito de época, urgentemente contemporâneo e alerta. Dez anos depois, *Cara ou Coroa* recompõe a mentalidade precedente, construindo um poderoso documento sobre o período em que transcorreu o horror ditatorial. Apenas a atuação do diretor na publicidade não está descrita em *Cara ou Coroa*. Giorgetti, contudo, diz ter realizado comerciais assiduamente por pelo menos trinta anos, desde os tempos em que trabalhou na agência Alcântara Machado. Antes de *Sábado*, afirma ele em depoimento colhido em setembro de 2010, fazia entre setenta e oitenta filmes publicitários por ano, entre seis e sete dessas películas por mês. Este é um número médio de produção, ele ressalta, pois havia bons e maus meses em termos de número de filmes.

"Não acho que a diminuição do número de filmes comerciais pós-*Sábado* se deva a qualquer mal-estar relativo ao tema do filme [a publicidade]", afirma o diretor no depoimento, ainda que tal longa não buscasse esconder a sátira a seus pares no meio profissional. "Acho que [a diminuição do trabalho em publicidade] se deveu mais ao fato de que, finalmente, o mercado publicitário começou a perceber que minhas incursões pelo longa eram uma coisa para valer e que eu realmente estava dividindo meu tempo e atenção entre publicidade e longa. Os longas anteriores talvez estivessem sendo vistos apenas como uma excentricidade, um capricho. Quando perceberam que a coisa se repetia, começaram a me ver de outro modo, não mais como um publicitário de tempo integral. A publicidade é exclusivista. Por isso paga bem. Quer de você as vinte e quatro horas do seu dia. Não tendo mais essa disponibilidade, e isso ficando notório, meu trabalho começou a diminuir. Paulatinamente, mas começou. Tudo isso também se refere a um tempo preciso, os anos oitenta, começo dos noventa. Hoje não tenho idéia como o mercado atua. Hoje todo mundo faz longa! Virou moda. Todo publicitário virou cineasta. Bom, quando eu atuava na publicidade a coisa não era bem essa."

Uma vez diretor reconhecido de longas ficcionais e documentais, ele sempre esteve ligado a sua cidade, desenvolvendo a partir dela seu raciocínio cinematográfico. "Muitos falam que sou o mais paulistano dos cineastas, que faço um cinema urbano. Acho que você tende a falar melhor das coisas que conhece bem. E, depois, me interessa o emaranhado urbano, até para ver por que nós chegamos a esse estado atual de verdadeiro caos."[21] É este o estado que, em verdade, orienta toda a vida na metrópole. "O caos está sempre presente nesta cidade. A essência desta cidade é o caos, é a desordem."[22]

> Daí me perguntam: "Como você pode amar São Paulo?" Isso aqui é um horror, mas foi aqui que nasci e me formei. É engraçado, saio de casa com a cidade de quando tinha 20 anos na cabeça, mas, é claro, quando viro a esquina, deparo com a de hoje e daí meu humor já cai uns cinquenta por cento. Falo do centro da cidade e, até eu lembrar que o centro da cidade hoje é uma cloaca imunda, demora uns cinco minutos. Por outro lado, acho que vivemos num mundo urbano, o campesinato acabou. Isso está na história da humanidade, não há mais camponeses. O mundo é urbano. O que acontece de importante no Brasil acontece em São Paulo, no máximo no Rio de Janeiro também. Se eu quiser conhecer o Nordeste do Brasil é só ir ao Brás.[23]

---

21 NAGIB, Lúcia. Op. cit., p. 224.

22 Ibidem, p. 223.

23 Ibidem, p. 223.

CAPÍTULO 4

Martinelli, monumento de enganos

Antes que se possa observar o declínio da cidade, ou do País e sua cultura, ou ainda o fracassado sonho moderno encenados alegoricamente pelo filme *Sábado*, de Ugo Giorgetti, é preciso entender a história do prédio em que a película ficcional – aqui entendida como representante de uma certa modalidade de humor frio – se inspira.

Paisagem indissociável da infância de Ugo Giorgetti, o Martinelli foi construído junto à praça Antonio Prado, nas encostas da colina histórica onde se deu a fundação da cidade, entre 1925 e 1929. Foi o primeiro arranha-céu de São Paulo, com 30 andares totalizando 105 metros de altura. Cor-de-rosa, de elementos decorativos neoclássicos, cobertura de ardósia com mansardas falsas, um palacete de três andares no terraço e a roupagem de tijolos recobrindo a estrutura de concreto, constituiu "o documento arquitetônico mais importante do momento de transição da cidade baixa, edificada em tijolos, para aquele dos arranha-céus, tendência que se evidenciava desde inícios da segunda década"[1] do século XX.

Naqueles anos 1920, a cidade principiava a conhecer novas técnicas construtivas, e o concreto armado se sobrepunha aos muros de alvenaria. Era um momento em que migrantes como Giuseppe Martinelli imaginavam deixar sua marca na cidade para além das construções imponentes das tumbas nos cemitérios. Mas especialistas como o construtor Luís Saia, diretor do quarto distrito do Instituto do Patrimônio Histórico e Artístico Nacional (Iphan) de São Paulo, viam o projeto como um "pastiche".[2] Em 1954, uma pesquisa encaminhada pelo Instituto Cultural Ítalo-Brasileiro apenas reconhecia os méritos do Martinelli como o primeiro arranha-céu do Brasil. Somente nos anos 1970, década em que Giorgetti realizou seu documentário sobre o prédio, a tendência era reconhecê-lo como contribuição ao patrimônio cultural e histórico da cidade, sem um julgamento sobre o rigoroso papel de sua contribuição arquitetônica dentro da história artística brasileira.

Em 1975, o então prefeito de São Paulo, Olavo Egydio Setúbal, baseado na premissa em voga de que era preciso preservar os monumentos históricos, interditou o Prédio Martinelli. A reforma que patrocinaria, além de garantir a recuperação física do monumento, carimbaria o

---

1   NACLÉRIO HOMEM, Maria Cecília. *O prédio Martinelli: a ascensão do imigrante e a verticalização de São Paulo*. São Paulo: Projeto Editores Associados, 1984, p. 13.

2   *Ibidem*, p. 14.

O cineasta historiador | 133

reconhecimento, por parte do poder público, da contribuição pioneira do imigrante à construção civil na cidade. No momento em que o Martinelli era erguido, São Paulo se modificava. Era a década-marco na história do desenvolvimento industrial paulista, em definitivo, naquele instante, capaz de superar a hegemonia exercida pelo Rio de Janeiro.

Os anos 1920 começavam a desenhar São Paulo como a maior cidade do País. Das 16 fábricas registradas em 1880, ela contaria com mais de 2 mil em 1919.[3] Além dos bens de consumo, fabricavam-se ali novos tipos de produtos, como material elétrico, de comunicação e de transporte, incrementando a metalurgia. A indústria, nesse contexto, era tida como "a grande libertadora do homem, promissora da nivelação social, do conforto material e, por isso mesmo, da felicidade".[4] E os paulistas ufanistas começavam a se achar merecedores exclusivos do epíteto moderno. A sua cidade corresponderia ao mais atualizado conceito de metrópole. "Fora de São Paulo não há salvação", repetiam os escritores modernistas.[5]

A população aumentara para 500 mil habitantes, sendo os italianos representantes de 16% desse total, um terço dos estrangeiros. Na década de 1920, vieram 106.835 deles, contra 307.915 de portugueses e 83.931 espanhóis.[6] Embora os imigrantes se encontrassem integrados, estavam

---

3   Ibidem, p. 36.

4   Ibidem, p. 36.

5   CENDRARS, Blaise. Etc..., etc...: um livro 100% brasileiro. São Paulo: Perspectiva, 1976, p. 104. Apud ibidem, p. 36.

6   NACLÉRIO HOMEM, Maria Cecília. Op. cit., p. 36.

alocados em bairros determinados da cidade e tinham uma vida circunscrita profissional dentro dela.

São Paulo começava a assimilar a estética americana de cidades-cogumelo, em razão da popularização do concreto armado, que também estava presente nas construções de outras cidades brasileiras, como o Rio de Janeiro. Mas coube a São Paulo, que prosperava economicamente e assumia a ponta da industrialização, o slogan de "Chicago sul-americana". Os Estados Unidos, valendo-se de propaganda agressiva, exerciam um mando gradual no campo da cultura, e firmavam prestígio entre os habitantes locais. O arranha-céu representaria simbolicamente a aquisição da supremacia tecnológica e o alinhamento paulista aos ideais daquele país de ponta. "A ideia de progresso associou-se, entre nós, à de altura", conforme sustenta Maria Cecília Naclério Homem.[7]

Os construtores de monumentos eram espécies de heróis dos novos tempos, embora modernistas como Mário de Andrade ironizassem sua cabeça provinciana ("Cidade bolo de noiva. Mentalidade de noiva", escreveu o escritor). Havia muitos italianos entre eles. Sobrenomes como os de Matarazzo, Crespi, Puglisi-Carbone, Siciliano, Gamba, Scarpa e Scatamacchia representavam a valorização daquele *self-made man* que partira de muito baixo dentro da escala social para seu topo.

Mas havia uma contradição essencial nesse endeusamento do imigrante italiano. De início, ele fora associado no imaginário brasileiro ao escravo, já que exercia o

---

7   *Ibidem*, p. 38.

O cineasta historiador | 135

trabalho manual na lavoura, como fizera o negro durante a vigência da aristocracia escravocrata. A contradição em nossa modernidade é que ela pressupunha a aceitação de um sistema liberal, que gerava riqueza a partir do trabalho livre, mas mantinha o preconceito em relação ao trabalho manual, essencialmente realizado, em São Paulo, pela mão--de-obra estrangeira.

A cidade crescia verticalmente, com a ajuda dos construtores italianos, mas não sem a resistência a velhos hábitos de morar. São Paulo residia em casas baixas, em um ambiente que mimetizava o rural aristocrático, ainda adotado pelo homem urbano nesta passagem para uma era de liberalismos:

> As primeiras iniciativas mais notáveis de verticalização tiveram de contornar obstáculos (...) Os próprios paulistas também se mostravam mais renitentes. Sempre desconfiados com relação à implantação de novas técnicas construtivas, não tinham o hábito de residir coletivamente. Chamaram os primeiros prédios para moradia de "cortiços de luxo".[8]

Giuseppe Martinelli, nascido em São Donato de Luca, Itália, no ano de 1870, era um imigrante artesão desembarcado no Rio de Janeiro em 1889. Não veio, como a maioria, para trabalhar na lavoura, e sim na cidade, onde enxergava mais oportunidades de crescimento. Principiou no pequeno comércio, diz-se que como funcionário de açougue no

---

8   Ibidem, p. 48.

Largo da Sé, e foi também mascate nas cidades das zonas cafeeiras. Passou para o ramo da importação e exportação e alcançou o das finanças, até chegar à formação de uma rede de empresas.

O grande êxito de Martinelli ocorreu durante a I Guerra Mundial. Em 1915, com Mário de Almeida, formou uma frota própria de navios, embrião do Loide Nacional, para tentar suprir a falta de transporte acarretada pela guerra. Sete anos depois, a frota cresceria de três para 22 navios com capacidade para 74 mil toneladas. Em 1918, para facilitar operações com o governo italiano, Martinelli abriu em Gênova a Compagnia Commerciale Martinelli, com capital seu e do Loide Nacional e o restante de particulares italianos. A Cocoma obteve contratos com o governo da Itália para a compra e a venda de produtos de exportação destinados àquele país através da Sociedade Anônima Martinelli.

As atividades de Martinelli passaram assim da importação à exportação e às finanças para chegar ao transporte próprio. Com este, transformou-se em armador, organizando os Estaleiros Guanabara, para reparos e alterações. Teria sido por sua iniciativa a retomada da construção naval do País. Com pouco mais de 30 anos de idade, fez fortuna. Transformou-se em industrial quando migrou da importação à exportação e fabricou transporte próprio, fazendo o comércio direto dos produtos.

Tinha os cabelos castanhos, era gordo e estrábico, vestia-se com elegância e media 1m90. Seus operários o consideravam paternal, já que lhes chamava a atenção em tom de pilhéria. Trabalhava doze horas por dia, também aos domingos e feriados. Fazia doações por benemerência e ostentação. A casa em que residia no Rio, Villa Martinelli, situava-se na avenida Oswaldo Cruz. Na residência, misturavam-se os estilos gótico e florentino. A construção luxuosa exibia mármores em cores berrantes e um excesso de ornamentos e esculturas. Apelidaram-na "dente cariado", dada a indefinição de suas formas.

Internamente luxuosa, tinha 80 lustres de cristal Lalique misturados a móveis Luís XV e Luís XVI e painéis *art nouveau*. O imigrante que teria dormido no relento durante os primeiros tempos, segundo suas palavras, agora descansava em cama de mogno entalhado, servido por 17 criados, entre eles um mordomo japonês. Embora fosse muito conhecido no Rio por suas extravagâncias, em São Paulo fincou popularidade ao construir o primeiro arranha-céu da cidade e da América do Sul.

Em 1923, vendeu o Loide Nacional e os Estaleiros Guanabara à União. Seu objetivo era reunir capital para o empreendimento. Escolheu São Paulo porque se tornara o maior centro comercial, financeiro e industrial do País, e também porque o via favorável à expansão vertical. Ele vislumbrava que as firmas tenderiam a instalar sua burocracia em um só local nas zonas centrais. Em São Paulo, não faria um túmulo grandioso, como era hábito entre os novos ricos de seu país, nem uma casa luxuosa, como a que tinha no Rio.

No livro referencial sobre a história do Martinelli, *O Prédio Martinelli — A Ascensão do Imigrante e a Verticalização de São Paulo,* a pesquisadora Maria Cecília Naclério Homem sustenta que, pelas características de seu empreendimento, a construção evoluiria como forma de exibição do poder econômico do proprietário e do império que construiria.

> Deveria ser algo que o tornasse famoso e único, pois lembremos que em São Paulo vivia a colônia mais importante dos conterrâneos do comendador e a rivalidade imperava entre eles, tanto no plano econômico quanto no social. Além disso, ao construir o prédio, ainda estaria cultivando uma das tradições culturais de sua região de origem. As torres constituem uma das características da Toscana. Erguidas do século XII ao XVII, a princípio possuíam função militar. Posteriormente, devido às rivalidades existentes entre as famílias dos comerciantes mais prósperos, passaram a expressar o poder: quanto mais alta a torre, mais poderosa a família.[9]

Ele adquiriu o terreno em 1914 e, dez anos depois, iniciou a construção. A época parecia favorecê-lo enormemente. A década de 20 começara auspiciosa, como relata Nicolau Sevcenko em *Orfeu extático na metrópole*,[10] ensejando a esperança de um outro momento histórico. "E logo, por toda parte, se falava da felicidade especial de um novo ano [1919] que anunciava o fim dos três flagelos que

---

9 *Ibidem*, p. 67.

10 SEVCENKO, Nicolau. *Orfeu extático na metrópole: São Paulo, sociedade e cultura nos frementes anos 20.* São Paulo: Companhia das Letras, 2009, p. 24.

atingiram a cidade, submetendo-a a aflições terríveis em 1918, os chamados 'três gês': a Gripe (espanhola), a Geada e os Gafanhotos. Outras versões ampliadas denunciavam entre calafrios os 'cinco Gês', acrescentando àqueles também a Guerra (Primeira Guerra Mundial) e as greves (as grandes greves de 1917 e 1918). De fato, parecia-se estar saindo de uma conjuntura particularmente catastrófica."

O primeiro anteprojeto do Martinelli previa doze andares e era datado de 1923. Em 1926, o comendador assumiu a construção ele próprio, após a falência da construtora encarregada dos trabalhos. O arquiteto era o próprio Martinelli e seu irmão, Italo Martinelli, formado pelo Mackenzie, ficou responsável pelas obras. Este foi o único engenheiro-arquiteto que participou da construção do prédio. Em maio de 1928, havia 600 operários na construção, de nacionalidades várias, italianos, portugueses, espanhóis, alemães.

Quando o edifício atingiu certa altura, o comendador instalou o escritório de obras no nono andar. Residia no Rio e em São Paulo hospedava-se no Hotel Esplanada. Às sete horas, da janela do hotel, empunhava um binóculo para ver se os operários já haviam começado a trabalhar. Diariamente, ao meio-dia, vinha fiscalizar as obras, tirava a pá e completava com entusiasmo a tarefa de pedreiro. Ensinava aos operários como preparar e tratar o cimento. Em 1928, aumentou o número de andares de seu edifício para 20.

Conta-se que seus conhecimentos dentro da burocracia do município o permitiam continuar as obras sem licença oficial. Acrescentou andares até chegar a 24. Mas a municipalidade, informada por engenheiros de que o número de andares excedia o limite da resistência da estrutura do prédio, multou a construção e embargou as obras. A justificativa era que o prédio elevava-se sobre as mesmas fundações executadas para apenas 14 andares. A defesa de Martinelli foi desafiadora: "Essa afirmação faz supor que esses moços imaginam estarem torturando o pobre Comendador. Puro engano, prestam-lhe um ótimo serviço, criando-lhe uma desejada oportunidade de demonstrar pública e oficialmente a solidez de sua formidável construção".[11] Era tão importante o fato de São Paulo ter um arranha-céu que o prefeito Pires do Rio rasgou o documento que embargava a construção na frente de seu empreendedor e exclamou: "O Martinelli não se embarga!"

Contudo, diante da desconfiança da população, incensada pela imprensa de oposição a desacreditar da segurança do empreendimento, Martinelli resolveu demonstrar ele próprio que tudo estava sob controle. Mobiliou luxuosamente um apartamento no nono andar do prédio e trasladou do Rio seu mordomo japonês. Mudou-se para lá e fez circular a notícia pelos jornais. Passou a dedicar mais tempo às obras do edifício que à Sociedade Anônima Martinelli. Em 1928 colocou a última laje no monumento, alcançando o 25º andar. Antes de concluir a construção, o Martinelli recebeu o primeiro morador, o italiano Arturo Patrizi, que naquele ano passou a residir

---

11 NACLÉRIO HOMEM, Maria Cecília. *Op. cit.*, p. 74.

em um apartamento do quarto andar. Numa das salas, abriu sua concorrida escola de danças.

A ideia de Martinelli seria alcançar 30 andares, mas teria sido impedido legalmente a isso por motivos de ordem técnica. Aparentemente contentando-se com 25 andares, fez construir um palacete no terraço com belvedere, o primeiro grande apartamento de cobertura da cidade. Seu prédio acabou por alcançar a altura equivalente a 30 andares porque, no alto, ocupava vários pavimentos. O 30º andar era um terracinho onde se hasteavam as bandeiras do Brasil e da Itália. O comendador mudou-se com a mulher e a sogra para o topo em 1929. Sua cobertura ganhou então expressa finalidade, embora toda a estrutura interna do empreendimento fosse incerta. Segundo Italo Martinelli, em depoimento incluído no média-metragem de Giorgetti *Edifício Martinelli*, o comendador não tinha ideia de como dividir arquitetonicamente o interior, nem sabia para que ele serviria. "Foi fazendo tudo, digamos, a olho", ele afirma.[12]

O Martinelli tornou-se referência na capital. Os visitantes ilustres que chegavam iam ver a cidade do alto do edifício, recepcionados pelo comendador. Como diz Ugo Giorgetti em *Edifício Martinelli*, era mesmo obra para "deixar turista de boca aberta".[13] Lá estiveram o presidente do Estado Julio Prestes, o príncipe de Gales, o subsecretário da Aeronáutica de Mussolini, Italo Balbo, e os aviadores italia-

---

12 *Edifício Martinelli*, média-metragem de Ugo Giorgetti, 1975. Produtora Espiral, São Paulo, a partir de vídeo particular.

13 *Ibidem*.

nos Ferrarin e Del Prete. Em 1931, um letreiro "Martinelli", fruto de engenhoso arranjo elétrico, iluminava o topo do edifício à noite, atraindo a curiosidade popular. O primeiro luminoso da cidade foi ali colocado, a propaganda do sabonete Gessy. Vieram em seguida os da Coca-Cola e da cerveja Caracu, esta uma garrafa de estrutura de ferro de 20 metros de altura. Embora finalizado em 1929, parte de seu acabamento se arrastaria até 1934. Por isso, não houve cerimônia de inauguração.

O prédio, que por algum tempo foi o mais alto do mundo em concreto armado, tinha área construída de 46.123 metros quadrados, em 2 mil metros quadrados de terreno, possuía 60 salões, 960 salas, 247 apartamentos, 510 telefones, 1.057 degraus e 2.133 janelas. Pesava 585 mil toneladas e tinha três entradas principais. Tornou-se cartão de visitas e ponto de referência. Segundo acredita a autora de O Prédio Martinelli, a partir do que diziam os jornais e as correspondências entre italianos, a população passava a entender o edifício como um monumento ao imigrante que aqui lutara pela sobrevivência e crescera, engrandecendo a imagem da cidade.

Contudo, em todos os seus detalhes, e em direção contrária, o Martinelli operava uma síntese catalisadora e desumanizadora do convulsivo processo de metropolização de São Paulo, baseado na especulação desenfreada e na inércia ou cumplicidade dos poderes públicos com os grandes capitais, cumplicidade esta que acabava por ver a cidade como uma simples projeção dos seus desejos e um consequente desprezo pela cidade como espaço de convivência pública. O cenário para o surto de modernismo na São Paulo dos anos 1920 era o de uma autêntica "exposição universal bizarra", como lembra Elias Thomé Saliba ao comentar *Orfeu extático na metrópole*: havia "polifonia arquitetônica e urbanística produzida na esteira da especulação cafeeira, contrastando com o cenário dos cortiços e bairros pobres, sujeitos às enchentes periódicas, à repressão policial e à violência constante".[14] E a urbanização acelerada e a velocidade tecnológica "conjugavam-se com símbolos regressivos e arcaicos, próprios de uma geração que *não tinha mais passado*, e partia numa busca sôfrega pelas raízes tradicionais paulistas de bandeirantes, sertanejos e 'caipiras estilizados', forjando todo um imaginário de mitos tradicionais".[15]

A crise de 1929 repercutiu sobre as finanças do empreendimento. Martinelli não obteve respostas dos bancos nacionais, que pouco lhe ofereceram, em razão dos problemas financeiros mundiais que enfrentavam. O governo da Itália emprestou-lhe dez mil contos de réis por intermédio de um instituto que auxiliava cidadãos trabalhadores no exterior. Martinelli, contudo, não conseguiu saldar a dívida e vendeu o prédio ao governo italiano por 18,3 mil contos, o que lhe acarretava um prejuízo de 30 mil contos. Como metade dessa quantia significavam mais dívidas, restaram-lhe apenas 500 contos da venda, que ele

---

14 SALIBA, Elias Thomé. "Cultura modernista em São Paulo". *Estudos Históricos*, Rio de Janeiro, vol. 6, n° 11, 1993, p. 130.

15 *Ibidem*, p. 130-131.

teria colocado no bolso de um dos ascensoristas do prédio. Martinelli voltou ao Rio e refez a fortuna, explorando minas de carvão. No Rio, construiu outros arranha-céus, nenhum deles com a importância do seu marco paulistano. Quando vinha a São Paulo, Giuseppe Martinelli pedia ao motorista que manobrasse habilmente para não passar pelo edifício.

Durante a II Guerra Mundial, o Brasil, em guerra com a Itália, tomou o Martinelli para si. O prédio permaneceu sob intervenção até 1944, quando foi a leilão. O comendador tentou reavê-lo, mas o perdeu para um grupo encabeçado por Milton Pereira de Carvalho, corretor de imóveis do Rio, e Herbert Levy, do Banco América, que arrematou o prédio por 45 mil contos, quantia considerada astronômica pelo comendador. Em 13 de maio daquele ano, o arranha-céu passava a ter 103 proprietários, tornando-se o primeiro prédio do país a transformar em condomínio. Ao mesmo tempo, mudava seu nome para Edifício América. A Sociedade Amigos da Cidade considerou a mudança de denominação um gesto de ingratidão para com o imigrante que construiu um dos símbolos do orgulho paulistano. Martinelli morreria dois anos depois, no Rio, desgostoso de não haver recuperado seu empreendimento.

O edifício que tanto orgulhara os paulistanos sofreria, com o decorrer dos anos, uma metamorfose responsável por apagar o senso épico a ele atribuído. Suas instalações luxuosas tiveram as funções alteradas. Algumas se subdividiam em uma série de cubículos a abrigar excessivo número de habitantes. Os usuários já não eram burgueses ricos.

Os corredores e áreas externas cobriam-se de lixo e os equipamentos não passavam por manutenção.

No prédio, apenas nos 23º e 24º andares, havia 16 apartamentos de dois a três dormitórios para moradia. As áreas restantes eram ocupadas por escritórios de dimensões variadas, escolas, ateliês de costura, associações. Ali também funcionavam as sedes do Partido Comunista e do Partido Integralista, as duas, ao que parece, no mesmo andar. Clubes como Palestra Itália e Portuguesa de Desportos tinham lá sua sede. O Instituto Médio Dante Alighieri, a Ordem dos Músicos, a Federação Paulista de Medicina, o Sindicato dos Alfaiates, também.

Em 1965, os jornais informaram que cinco marginais estupraram e mataram a menor Márcia Tereza num dos apartamentos vazios do Edifício América. Anos antes, Darwin de Almeida Barros, 61 anos, fora assassinado em um corredor. Em 1968, era morto Davilson, de oito anos. Quatro anos depois, o corpo da jovem Neide Rosa caía do 17º andar. Uma mulher era vítima de um estrangulador. Segundo Vicente Monteiro, o último zelador do prédio, a falta de portas nos elevadores tornara-os perigosos em alguns andares. Moradores impacientes colocavam a cabeça nas frestas para chamar o ascensorista e em uma ocasião ocorreram duas mortes daqueles apanhados pela cabine em movimento. Como o Viaduto do Chá, o edifício transformou-se em trampolim predileto dos suicidas, calculados em aproximadamente 23.

Na casa do comendador e no terraço, ocupados durante 25 anos por uma família com seis crianças, um ascensorista criava coelhos, e num apartamento do 25º andar um sargento da Polícia Militar mantinha soltos 60 passarinhos que trouxera na bagagem ao chegar do interior. O encanador Vico criava gatos no porão. Nos anos 1970, viviam oficialmente no Martinelli 521 pessoas, 16 das quais fichadas pela polícia por vários delitos, além de uma população flutuante densa, que impossibilitava o cadastramento.

Em 1975, após denúncias feitas pela imprensa, a Secretaria de Segurança Pública determinou ao Corpo de Bombeiros e à Delegacia de Costumes uma sindicância no edifício. Ela apontou que setenta apartamentos desocupados abrigavam marginais. Bares no interior, diziam os relatos, eram frequentados por prostitutas. Em *Edifício Martinelli*, muitos habitantes de origem humilde ouvidos pelo diretor entendem essas denúncias como irreais. Uma moradora pragueja contra uma reportagem que apontou o estado do prédio e a existência de prostituição. Diz gostar de morar ali, além do mais responsabilizando a direção do lugar por permitir a entrada de gente com ficha suspeita. Um morador conta ter procurado o prefeito para esclarecer que havia famílias responsáveis ali dentro, desamparadas, sem ter para onde ir. O prefeito não o recebeu. O zelador afirma que as pessoas não vão lá para matar, mas para se suicidar. Lembra que criou seus 12 filhos ali dentro, por trinta anos, e "nunca aconteceu nada". Giorgetti mostra crianças andando pelo corredor de carrinho de rolimã ou dançando capoeira. Crianças pequenas dando seus primeiros passos. O criador de passarinhos justifica colocá-los à vontade na sala ampla: "Quis trazer para a cidade, comigo, um pouco da natureza".[16]

Olavo Egydio Setúbal recorda-se que iniciou seu primeiro dia de expediente como prefeito ao analisar o volume resultante da sindicância. Um ofício da Secretaria solicitava a interdição do Edifício América, já que os condôminos em sua maioria não poderiam pagar por uma reforma. Setúbal interditou o imóvel em 8 de maio de 1975 e concedeu um prazo de 30 dias para que fosse desocupado. Histórias tristes de futuros desapropriados sem destino surgiram todos os dias na imprensa. Em 19 de junho daquele ano, o prédio foi inteiramente esvaziado e cerrou suas portas. A Empresa Municipal de Urbanização (Emurb) se encarregaria das obras de restauração e do uso futuro do imóvel.

---

16 *Edifício Martinelli, op. cit.*

CAPÍTULO 5

O gélido edifício ficcional

Para demonstrar a mescla cinematográfica de humor revelador e desvelador, que alterna momentos de fruição cálida com toda a gelidez reflexiva, esta pesquisadora escolheu analisar, entre as obras de Ugo Giorgetti, o longa-metragem *Sábado*, de 1994. No decorrer da pesquisa, tal ficção surgira como representante adequada do humor frio que o cineasta aperfeiçoara desde sua assimilação da comédia italiana nos anos 60 e 70, em filmes como *Jogo Duro* e *Festa*. Em *Sábado*, contudo, ria-se mais, e era possível ainda emocionar-se com a triste condição marginal dos envolvidos na trama, apartados de um esteio econômico, cultural e histórico. A trajetória paulistana, presente e passada, era ali apresentada para a fruição humorada, mas também lírica, do espectador. Lições e predições históricas, críticas ao abandono social, vinham dadas com a alternância entre a amargura e o riso. Decididamente reconhecida por seu espectador, a melancolia não o afastava da felicidade cômica obtida no decorrer da apreciação da maioria das passagens narrativas.

Tal ficção nascera, em primeiro lugar, da necessidade manifesta pelo diretor paulistano em comentar aspectos de seu cotidiano de trabalho, este que ele tão bem conhecia e lhe sugeria histórias, situações e perfis decididamente ridículos, eivados de prepotência, como se a publicidade de seu ofício, posta a serviço da venda de produtos, pudesse ainda pretender elevar-se à condição de arte criativa. Era, a seu ver, uma pretensão que destruía uma base cultural fincada desde a São Paulo dos modernos. A publicidade ofertava ao filme seus tipos rígidos contemporâneos e restauradores de humor, perfeitos para a crítica direta a um estado de coisas.

A segunda inspiração para *Sábado* foi o segundo média--metragem do diretor, Edifício Martinelli, de 30 minutos, concebido duas décadas antes, em torno da decisiva constatação de decadência do prédio, este que fora um dos referenciais urbanos de sua infância. Quando decidiu realizar o documentário nos anos 1970, por impulso próprio, movido apenas pela urgência ditada pela decisão municipal de esvaziá-lo e também por sua história íntima, Giorgetti já sabia não estar diante da mesma personificação de um sonho vertical de metrópole nascido cinco décadas antes. O Martinelli de 1973, do qual ao fim seriam de fato expulsos todos os moradores, abrigava uma São Paulo submersa, que, naquele momento, lutava da maneira possível contra a precariedade financeira ofertada a sua classe desprivilegiada, à moda do que ocorria no cemitério subterrâneo improvisado de *Um*

O cineasta historiador | 153

burguês muito pequeno. Giorgetti, mais que denunciar um estado de coisas, jogava sobre o prédio as luzes da história. Ao retratá-lo às portas de seu fechamento, ele encarava de frente o fim de um período paulistano e uma fase de sua própria vida. O documentário o forçava a deparar com a cidade real, com os personagens que a fizeram e ainda faziam múltipla, os desiludidos, à margem, gente de quem não valia a pena zombar, mas que apontava a lírica derrota de um projeto monumental, sumido do mapa sem resistência.

O documentário começava com a constatação feita pelo zelador do prédio: "As pessoas não vêm aqui para matar, elas vêm se suicidar." No filme, os moradores e os ocupantes eram homens, mulheres e crianças envolvidos em atividades cotidianas, como o brinquedo, o culto religioso, a lida com os animais, as transações do pequeno comércio, o lazer do bar. Como se integrantes de um grande universo horizontal de bairro paulistano, eles agiam em conformidade com seu destino periférico. A iluminação dos corredores, ou seriam espécies de "ruas" de concreto, era contida à natural obscuridade. E, no prédio, havia poucas janelas, diante das quais, ocasionalmente, despencavam os suicidas.

Sábado, resultante desses dois pontos de partida, o da publicidade em voga e do prédio em ruínas, mostrava também, por um fio, a vida de seus ocupantes. Lá, igualmente, um zelador, mas trôpego, denuncia a integridade dos habitantes que a ele caberia zelar. É um personagem de humor cálido, o bêbado típico das piadas, torto, irresponsável, sempre pronto a beber um pouco mais, embora sua situação de fundo sugerisse extrema melancolia. Ele é maltratado pela mulher, ignorado por moradores, pela equipe de filmagem, pelos funcionários do IML. Estão histéricos e engraçados os moradores e visitantes do edifício ficcional, mas não apenas isso, são também revoltados, aflitos ou tristes, em suspensão, bêbados também pela ausência de virtude, mortos ou a ponto disso todos os que por lá circulam. O zelador é seu retrato em extremo, com o detalhe, ou seria a agravante, de que a ele cabe conduzir todos os outros no edifício em ruínas.

Dentro desta ficção, um filme publicitário, paródico, desenrola-se em metalinguagem, cercado de rejeição e sarcasmo. *Sábado* se desenvolve em função da propaganda do perfume *Winter*, palavra que corresponde a "inverno", em inglês, já que o saguão do prédio, especialmente seu elevador social, fora transformado atabalhoadamente em barata locação de inspiração europeia, invernal. A palavra *Winter* faz um comentário gélido e irônico das aspirações europeias do paulistano, contrastadas com o calor de seu ambiente de origem. É também um modo enviesado de declarar a frieza do humor dentro deste filme.

O prédio não é designado Martinelli no longa, mas Edifício das Américas, a parafrasear um nome que a construção real adquirira após ser vendida. Ali também ele é apresentado como resultado do sonho de um italiano empreendedor, personalidade surgida no filme por meio de um busto ainda fincado no saguão do prédio. Há naquela área do saguão uma bela escadaria e a fachada *art nouveau* de um dos elevadores, o social. Mas a escada tem lixo acumulado em grandes sacos, o que sugere seu abandono por parte dos funcionários responsáveis pela limpeza por semanas ou meses. O elevador de serviço só fecha a porta depois de sofrer um empurrão, dado, por exemplo, por uma suposta mulher, ou seria um travesti, usando inesperados sapatos vermelhos.

Duas situações se revelam em paralelo no início. Chegam ao prédio dois funcionários do Instituto Médico Legal e uma trupe de cinema publicitário, que filmará um comercial usando o elevador social de bela fachada (o emperrado é o elevador comum). A trupe agita-se com eletricistas, marceneiros, produtores, luzes, diretores e assistentes, enquanto o IML adentra o edifício com uma missão.

A trupe que se pode dizer "técnica" consiste de dois funcionários sem especialização, na verdade um motorista de fala apaulistada, gago, e seu distante auxiliar, sério sempre, de feições nordestinas. Eles não conseguirão fazer passar a gaveta que levará o corpo pelo elevador. Tipos rígidos de humor clássico, o primeiro funcionário, gago que fala todo o tempo, de modo a provocar a risada, e o feio e sério, que lhe faz o contraponto em drama, dramático a ponto de também evocar o riso, deixam a gaveta no saguão e pegam o elevador de serviço. Quando deparam com o morto no apartamento lá em cima, eles o veem velho, magro, abandonado, sem família. Carregá-lo demanda ajuda, já que a gaveta ficou embaixo. O gago mal conseguirá que o sério, ainda por cima franzino, atônito de sempre ter de lidar com a morte, o ajude na tarefa. Do zelador Tonhão, bêbado, inconsciente de seu lugar e de seu tempo, também não convém pedir auxílio. Em toda a gestualidade e na face dos três, inscreve-se a marca da comédia. Mas não se sente apenas cômica a situação que eles têm diante de si, a enfrentar. Um morto não é um brinquedo, como uma torta na cara. Um morto é uma gravidade, um paradoxo, uma palavra deslocada na situação humorística.

Um corpulento e jovem passante do andar, que se esgueira, curioso, para espreitar o que acontece no apartamento do velho, vê-se intimidado a ajudar a carregar o corpo sob pena de depor como testemunha do ocorrido na Polícia Civil, em um método de indução especialíssimo, que supõe chantagem da instituição policial, compreensível de imediato para quem vive no Brasil. O jovem corpulento não resiste e apenas lamenta seu destino, e seu rosto é outra máscara, encenando as trevas, a ignorância, a pequenez de raciocínio de um desfavorecido dentro do prédio das Américas. Os três partem levando o cadáver para o elevador, onde logo depois entra a diretora de arte da equipe publicitária, Magda Bloom, confundida momentos antes com uma consumidora de drogas por uma moradora a quem indagara sobre a existência de um raro vitral em seu apartamento.

Ela é caracterizada como sofisticada profissional, trabalhando aos sábados mesmo sem gostar disso. Cabelos loiros. Lisos. Roupas claras. Brincos e anéis caros. Limpeza que sugere perfume. Antes de adentrar o elevador, a diretora de arte discorrera sobre a má educação do brasileiro, especialmente aqueles do prédio, a maioria de origem nordestina, contra os educados moradores do sul do País, de "descendência" europeia. Ela não demonstra o que sua apresentação sugere. É toda indelicadeza, incultura, odor de baixeza. Ela lê os livros sobre vida após morte da atriz Shirley McLaine, a sugerir uma espiritualidade de contrabando, um desejo de permanecer melhor ainda depois que a morte a colher. Acha os habitantes do sul civilizados, pelo menos até o Rio, conforme sua conversa com o auxiliar de produção Aymar, e diz isso por estar num "dia bom". Ela entra no elevador sem perceber o morto dentro dele, ao contrário do que ocorre com o auxiliar, que estanca diante da porta. Quando a porta se fecha, a diretora se dá conta de onde está e grita. Aperta desesperadamente alguns botões na tentativa de sair dali e o elevador emperra.

O filme se desenrola enquanto sufocam progressivamente no elevador as quatro pessoas que cercam o cadáver, do qual ocasionalmente saem ruídos, como, novamente, aqueles dos insepultos no filme feito por Mario Monicelli em 1977. Humor entre quatro paredes, tenso, entrecortado pelas frases humoradas dos vivos presentes, cujos rostos sugerem uma mescla de brasilidade: o bonachão, o nordestino, o gago desenvolto, a mulher de classe média apavorada, arbitrária, bem vestida, histérica. Um retrato instantâneo do Brasil, país a ter de lidar com sua história que apodrece, com sua inconsciência que dorme, agora em berço nem tão esplêndido, o morto no elevador, que ousa assombrar os vivos, vez ou outra, com a sugestão de que também vive.

Um dos funcionários do IML, aparentemente lúcido, mas gago, dá explicações algo genéricas à diretora sobre a razão dos barulhos e detalha os fatos por ele presenciados no passado sobre a decomposição de um corpo. Enquanto isso, não surge maneira de consertar o elevador, nem há telefones disponíveis para pedir socorro, já que a primeira coisa a vender, quando não se tem dinheiro, é o aparelho telefônico naquele prédio e naquele tempo sem celulares.

O auxiliar da diretora sai em busca de ajuda pelo prédio e nessa odisseia pelo submundo vertical depara com situações nas quais lhe são extraídos *walkie-man*, relógio e tênis. Receberá por fim a ajuda do Homem de Alcatraz, que habita um apartamento sob cenário hitchcockiano, no qual pássaros passeiam livremente e sua mãe age como estivesse empalhada na cadeira, diante da janela, a sugerir uma cena de *Psicose* e a evocar outro filme do diretor, *Os Pássaros*, no momento em que as aves sobrevoam em torno dela. Note-se que, em *Psicose*, a mãe fora morta e empalhada pelo filho e ele a substituía, travestindo-se com suas roupas, ao cometer um crime. O filho desta mulher é um doce de filho, mas deixa a mãe ao relento das aves. Elas tocam os inocentes ocupantes do apartamento, como tocaram, em *Os Pássaros*, crianças, mulheres, gente da família e do bem em uma pequena cidade americana.

O Homem de Alcatraz se dirige com Aymar, o assistente da diretora de arte, à cobertura do prédio, onde se desenrola um churrasco com samba de roda e dança de gafieira. É preciso esperar o fim da festa para que os convivas façam funcionar o elevador. Eles resolvem tudo depois de muito tempo, cortando e rejuntando fios, de maneira improvisada. Magda, sem saber de quem se trata, os chama de "técnicos", sustentando que seu "pessoal" se lembrou dela ao providenciar o conserto do elevador.

Enquanto isso, terá transcorrido toda a atrapalhada filmagem, coordenada por um assistente de direção insensível, que aterroriza suas comandadas com sorrisos falsos, pressionado pelo diretor indiferente a tudo, até ao fato de uma integrante de sua equipe estar presa no elevador. Uma produtora grávida já marcou a data da cesárea do filho com base no mapa astral que ele terá ao nascer. Ela mal se importa com uma senhora e seu cão perdido, trazido às filmagens não se sabe por quê, mas sorri para ela, fingindo procurar uma solução. O diretor ordena refazer cenas insignificantes seguidamente, sem pronunciar palavra. Pede um figurante improvisado, sacado da multidão, e o descarta depois de filmar. Inicialmente as pessoas estão incomodadas com o ímpeto da equipe de filmagem e são levadas a avançar sobre sua mesa de café da manhã e almoço. Mas, maravilhada com a realização do comercial, suas luzes, a música, a multidão se transforma em plateia.

Estão todos a ver a filmagem porque não têm como subir a seus apartamentos. Um elevador está emperrado, outro é usado como cenário barato, dentro da política da agência de publicidade de cortar os custos de uma reconstrução em estúdio. As escadas são cobertas de lixo. Entram pessoas a todo instante no prédio. Um morador, mais antigo, revolta-se com a presença da equipe de filmagem, mas é contido quando a produção lhe oferece um café da manhã especial e o senta em uma cadeira reservada. Pobres são como animais diante do pão, e uma assistente chega a jogar um pedaço dele a moradores, como se o desse a cães, e eles de fato agem como cachorros famintos na disputa por ele. As pessoas no saguão leem o jornal *Notícias Populares*, cuja manchete é "Deu a vida para salvar a bunda".

O zelador está transtornado com sua "muita responsabilidade". Nada faz pelo prédio e seus moradores porque bebe, e bebe porque não há nada a fazer por eles. Se está sóbrio, reclama porque precisa beber mais. Alguém lhe diz "Obrigado" e ele responde: "Não tem *portância*", num deslocamento de sentido que provoca o riso. Chega diante do apartamento do morto e nota que mais alguém lhe subtrai objetos, uma cadeira. Entra no apartamento para guardá-la e vê que há uma garrafa de aguardente sobre uma pequena mesa. Toma-a. Remexe nas coisas que não são suas. Descobre um uniforme e um quepe das SS nazistas, mas não identifica esta marca histórica. Acha-se bonito e agasalhado ao vesti-los. A roupa, ele julga, assegura-lhe autoridade. Sua mulher chega e, ao vê-lo bêbado, dá-lhe uma bronca. Ele lhe mostra objetos que achou do velho morto. São medalhas, fotos, documentos, que observa intrigada. Ela abre a janela e joga os documentos no ar, como se coisas sujas ou inúteis.

Quando a diretora de arte enfim sai do elevador, suada, os cabelos despenteados, é amparada pela equipe. O narrador lembra ironicamente a solidariedade que ela teve

O cineasta historiador   161

dos amigos durante o processo. A mulher só pensa em tomar um banho e esquecer o que passou. Seu assistente carrega uma pomba na mão, dada pelo Homem de Alcatraz, e se desenrosca desesperado da companhia insistente do zelador rumo ao ônibus da produção. Nunca mais voltará àquele lugar. Ninguém sai enriquecido da experiência e só espera esquecê-la. Não se trata de humor de aprendizagem. Trata-se da crítica da incomunicabilidade melancolicamente consolidada.

Exemplar da visão cinematográfica de Ugo Giorgetti segundo a qual a clareza fotográfica deve expressar um contexto direto ao espectador, *Sábado* é perfeitamente iluminado e compreendido por quem o assiste de maneira desinteressada. Há no filme, contudo, muitas entrelinhas, políticas, culturais, sociais, prontas a serem observadas, a partir das condições histórico-políticas vividas no período, e para além delas.

Giorgetti quer trabalhar assim a sua cinematografia: o assunto é o estilo, como nos filmes italianos dos anos 1960 e 1970. E não há estilo que justifique a incompreensão do espectador de uma linha narrativa linear. Nos títulos do diretor, como neste *Sábado*, a compreensão tende a crescer e projetar-se no cotidiano de quem o vê conforme os anos transcorrem.

Em 1994, ano em que o filme foi apresentado a seu público, o País não conseguira transformar Fernando Collor de Mello em um presidente de fato, ele que fora eleito diretamente pela primeira vez depois da ditadura instaurada três décadas antes. O presidente decepcionara eleitores ou reiterara desconfianças de um eleitorado à esquerda ao demonstrar o uso do poder para benefício próprio e de seu clã. Mal ascendera ao comando da nação e esse primeiro presidente eleito após o fim da ditadura já deixava o poder, em 1992, após rumorosas manifestações de todo o país que resultaram em impeachment. Ainda não fora eleito Fernando Henrique Cardoso. Antes de Collor, o País vinha de uma tentativa de eleição direta que resultara indireta, com a posse apressada, após a morte do eleito Tancredo Neves, do vice-presidente José Sarney, uma espécie de inimigo permanente da ética da nação, a qual, atônito, ele se via alçado a conduzir e regular.

Éramos um país melancólico, já que duas tentativas de reconduzir a nação à democracia, depois de uma cruenta ditadura, pareciam solapadas. Nesse país, a fortuna decididamente não fizera escala. Embora grande e pujante como aquele edifício sonhado pelo migrante Martinelli, vivíamos de não ter um condutor de manutenção e obras, e o prédio que habitávamos se mantinha de pé apenas pela teimosia do brasileiro em viver, dentro de uma sociedade relegada ao abandono das instituições, da ética e do real interesse público.

A ruína orientava o País sem centro, a sobreviver de sua excepcionalidade. Seria imediato, portanto, compreender o Edifício das Américas, dentro do filme, como um representante do grande edifício do poder real, em pedaços após o impeachment de Collor. E seria possível associar a figura do vice-presidente empossado, Itamar Franco, ao zelador

O cineasta historiador | 163

trôpego a conduzi-lo, já que, no filme, o funcionário eximia-se de uma responsabilidade maior, trazida pelo peso de administrar sozinho um edifício apodrecido pelo roubo, pela corrupção e, mais ainda, pela indiferença histórica. Tudo isso não teria começado por ele, zelador ou presidente, que tampouco responderia pelo descalabro. Ele não agiria só. Ele era igual a todos.

Equivaleria então esse prédio em alguma medida à sociedade brasileira estratificada, incomunicável em suas aspirações afuniladas e díspares. O imaginário do artista teria ligado a figura ébria à daquele presidente que, depois de empossado o sucessor Fernando Henrique Cardoso, em 1º de janeiro de 1995, após nova eleição direta, comportou-se silenciosamente, assumindo a embaixada brasileira em Portugal. Ao final do filme, o zelador solicita compensações ao diretor assistente do comercial, o que evoca o pedido de Itamar por um novo posto na distante Europa, a Europa de *Winter*.

Estaria o Brasil, em *Sábado*, representado pelo prédio entulhado, impedido em sua passagem para um degrau maior, um andar superior, uma evolução política a contento, sugerida por todas as portas de ascensão cerradas. Ninguém sobe nesse edifício, apenas para recolher o que está morto, mas que é duro de carregar e, ademais, dá mostras de fantasmagoria, já que os uivos de um corpo acontecem como um reflexo continuado após seu perecer.

Não se tem conhecimento do que ocorreu a este cadáver do elevador, há quanto tempo morreu, por quanto tempo restará como está, sem explodir ou inchar. Saberemos mais tarde, dentro da evolução do filme, tratar-se de um velho nazista condecorado, morador há algum tempo do prédio. O fascismo que se esconde sob a normalidade rende belo agasalho ao zelador no final do filme, a aquecê-lo da embriaguez, do torpor. O fascismo se traveste, mas continua vivo.

No elevador estão homens de classes sem possibilidade de união. Mal se entendem pelos olhares. A diretora de arte se imagina subtraída, tocada da pior forma, até por quem apenas a observa ou deseja retirar a gota de suor de seu rosto enquanto cochila. Ela não vê graça, beleza, amor naqueles homens tão inadequados a seu mundo. São mais cadáveres dos quais deseja se distanciar. Mais cadáveres do que o morto, afinal um "europeu" (em um dos roteiros iniciais, o nome dele era Leopoldo Bloom, o mesmo sobrenome que o diretor deu, ao fim, à diretora de arte).

Forçada a comunicar-se, ao perceber que não sairá facilmente daquela caixa emperrada, a diretora busca informar-se sobre as questões "científicas", envolvidas na desintegração do corpo ao lado, com o funcionário alerta do Instituto. Mas, ao lhe dar explicações, o funcionário gagueja. E escande as sílabas ao lhe dizer amargamente quão estranha é aquela situação em que ela jamais o procuraria, nem sequer para um cumprimento, se o encontrasse na rua, mas que agora esteja obrigada a respirar o mesmo ar que ele respira.

O cadáver não parece ser de fato seu maior incômodo, antes aqueles que vivem e pertencem a uma classe brasileira que ela julga merecedora de repulsa. O ator que interpreta

O cineasta historiador | 165

o morto, Gianni Ratto (1916-2005), fora um dos grandes cenógrafos, diretores, iluminadores, figurinistas e professores a construir o teatro brasileiro nos anos 50, vindo de Milão. Como europeu, integrante da civilização do velho mundo, ele representava, no filme, a face da morte, ainda e constantemente capaz de incomodar os ocupantes do elevador. E Magda talvez se pareça mais com ele de um modo que não imagina.

O elevador faz subir e também descer dentro desse edifício-país. Mas, veículo condutor de pessoas de determinadas e estratificadas classes, o elevador emperrou. A classe média ascendente à qual se liga a diretora de arte imagina ser capaz de ressuscitar o europeísmo em seu iludido aspecto de dominação e beleza. O morto, tendo sido Ratto o escolhido, além de lhe dizer que um ideal europeu morrera, poderia comunicar curiosamente ao espectador a morte de uma arte, o teatro, que o Brasil, em determinado período, desejara construir em moldes europeus. *Sábado* é também um raro bom filme feito após a política cultural de Collor que enterrou o órgão para o cinema nacional, Embrafilme, e a possibilidade de financiamento estatal à obra de arte. O cinema, mais que o teatro, talvez viesse representado pelo morto no elevador.

Dos três homens presos com a diretora de arte junto ao cadáver no elevador, Magda não quer proximidade, apenas serviços. Ela até os exige. Seu assistente está solto no prédio em busca de socorro. Mas ele só poderá obter auxílio se entrar no jogo das informalidades, que percebe rapidamente serem imprescindíveis, já que no edifício não há regulamentos, ordens expressas, conselhos decisórios, nem síndico, nem lei, nem comunicação com o mundo exterior, e os telefones que chamariam pelo universo conhecido inexistem.

O pálido e melancólico retrato do Brasil, mais uma vez. Sem a intermediação de instituições como a policial, sem a possibilidade de contar com os serviços elementares de bombeiros, o auxiliar da diretora de arte e o Homem de Alcatraz saem à casa das máquinas sozinhos, depois de galgar um corpo a corpo no caminho cheio de desvios. Para o Homem de Alcatraz, este é o método habitual, vicinal, de obter o necessário. Para o integrante da equipe de filmagem da peça publicitária, contudo, trata-se de experimentar uma circunstância na qual perde sua visibilidade social, representada por seu tênis, seu relógio, seu *walkie-man*, entregues em troca da sobrevivência da colega presa no elevador.

O Brasil de *Sábado* está abandonado, mas faz um bom tempo, desde que o sonho em pinho de riga de voar alto, imaginado por determinado arquiteto dos "anos 30 ou 40", resultou em nada. Antes, no final do século XIX e início do XX, houve tentativas isoladas, patriarcais, protecionistas, de mecenato, que ansiavam colocar o Brasil, até recentemente país de escravos, alinhado às nações ditas civilizadas. Houve mesmo um milagre econômico assim designado, patrocinado por militares como o cadáver do filme, para que o país se tornasse rapidamente audível no cenário mundial, durante os anos 1960 e 1970, mas o alarde dera em duradouro e indesejável desconcerto.

O País não foi ouvido pelo mundo, então. Nem saiu do lugar. O projeto de Martinelli, percebeu-se com o tempo, era só fachada. O arquiteto não tinha a menor ideia do que colocar dentro do prédio, conforme declarou seu irmão a Giorgetti no filme *Edifício Martinelli*. Uma afirmação surpreendente, mas nem tanto. O diretor de *Sábado*, em consonância com elas, diz mesmo não ligar para as arquiteturas, antes pelas fachadas, especialmente quando estão limpas, daí seu apreço por Martinelli. As fachadas e as misteriosas luzes que insistem em estar ligadas no interior coberto são seu interesse maior. As fachadas e as luzes evocariam a imaginação e a criação. Um artista, um diretor de cinema, seria a pessoa capaz de acender as luzes das ruínas.

Martinelli queria aparentar uma entrada no mundo moderno, mais do que ser moderno, ou, por outra, esperava que o País seguisse o marco por ele criado. Era importante delimitar um terreno, tornar-se eterno, mais do que desenvolver a nação. Daí seu apreço pela monumentalidade, que daria início a um novo País, livre do passado escravista e da dependência colonial. A escravidão e as miscigenações nordestinas resultaram naqueles seres por quem a diretora de arte nutre repulsa. Ela está certa da preponderância que a classe média do filme tem sobre os rostos dos moradores pobres do edifício. Ao final do filme, diz o velho morador, que dorme durante as filmagens, depois de se mostrar irado com a troca de valoroso piso do saguão, na direção dos nordestinos: "Até o inverno vocês tiraram de nós!"

Mas ninguém é bom ou mau em *Sábado*, como acontece em toda legítima obra na qual a frieza do humor constrói um universo de meios-tons. Não há os maus, há antes quem se veja presa de uma situação. E todos, no filme, estão de algum modo presos, não só no elevador. Eles ensaiam iniciativas de solidariedade, como a exercida pela segunda assistente do diretor do filme publicitário, preocupada com a mulher que perdera seu cachorro, ou pelo Homem de Alcatraz, mas eles são chamados a cobrir apressadamente os buracos da ausência de resoluções passadas, o que lhes impede de desenvolver um sentimento mais continuado, genuíno, de interesse pelo próximo. O Homem de Alcatraz para o que está fazendo, a procura pelo conserto do elevador, para acender uma vela em homenagem ao morto. É bastante.

E há intolerância, mau humor, em muitos dos personagens no prédio, embora eles apenas ataquem quem deseja ocupa seu lugar, sem, contudo, usar armas pesadas. Eles se encantam por ascender, por manter sua sobrevivência em determinado patamar, sem se dar conta de um senso de ética e daquilo que causam aos outros, ricos ou pobres. Mas não são violentos. Podem-se dizer bons, como no caso dos "eletricistas" em busca de resolver o problema do elevador, ainda que após passar um grande tempo entretidos com o samba. Tardaram, mas não falharam. Há compaixão de uma assistente pelo destino de Magda. Há quem, dentro do elevador, queira apenas limpar o suor da mulher.

Giorgetti desenha esta nação de aspectos surreais, cordial e resignada, contraditória, sem objetivos claros que não o da sobrevivência, em sua maneira de filmar. Com vagar. Com um constante claro-escuro. Janelas ocasionalmente abertas. Nada tão nítido que não possa ser ocasionalmente perturbado por um contraste de novas situações e ambientes inesperados. E ele não altera jamais o quadro de incomunicabilidade entre os personagens. Estes são mecânicos, escolhidos entre atores de tipicidade clara: como o nordestino transtornado que é o segundo funcionário do IML, a manequim do comercial aloucada, loira de voz fina, a produtora grávida, paulistana permanentemente excitada, desejosa de romper o curso da natureza para impor a fortuna ao filho mesmo antes que nasça.

Seus personagens típicos são como o bêbado que cambaleia e provoca o riso restaurador pelo deslocamento. Assim é a cantora vestida de enfermeira, levada ao *set* por interesse afetivo do dentista da equipe, para mostrar seus dotes e conseguir um trabalho. Ela canta bem, mas comicamente, e é aplaudida como diva pela multidão no prédio, multidão sem história e rosto, sem entendimento dos mínimos sinais do que são a cultura e a história nas quais se insere.

A incomunicabilidade é claramente colocada na linha que divide quem filma de quem assiste ao filme metalinguístico. Une-os a esmola, o brinde, embora, no início, uma moradora tenha ensaiado a revolta ao lembrar que, mesmo antes de fazer de fato alguma coisa, o povo da publicidade já iria almoçar. Mas logo, contudo, porque também estão autorizados a comer e apreciar os restos da merenda, todos se comprazem com o estranho dia vivido, e até se deslumbram com ele. Ninguém se tocará fisicamente, e a comida lhes será até lançada, como aos animais, mas esta situação já fazia parte, desde sempre, do jogo duro de todos, e eles a aceitam naturalmente.

Este filme de estados que se alternam, da aflição à reflexão, do riso escrachado ao despertar, como se estivéssemos diante de um duro, tragicômico, espelho de desencanto, representa o humor que é frio mas não corrosivo, mais autoderrisório do que humilhante em relação ao outro. O humorista frio ri de si próprio. Não há qualquer sentimento, portanto, de superioridade do criador. E a linguagem humorística permitiria essa espécie de desdobramento da personalidade de quem cria.

A ausência de contato entre classes sociais e entre os mesmos integrantes de uma classe é uma característica dos tempos contemporâneos, um traço mesmo de nossa formação como nação moderna, sem ter exatamente conseguido sê-la. São Paulo fez o caminho no sentido de romper as barreiras do atraso, ao pleitear, para si, uma renovação industrial, cultural e artística a partir do final do século XIX. Entre a tentativa de empreender uma nova escrita concisa, uma indústria e uma nova arte de contornos nacionalistas, aprofundaram-se, contudo, as desigualdades sociais. Mas também, decorrente delas, nasceu um humor estranho, torto, consciente das deficiências de comunicação entre os trabalhadores aqui vindos, um humor que António Alcântara Machado (1901-1935), o escritor modernista, reputava estupidamente aborrecido, mas que existiu em São Paulo como necessidade de apresentar ao povo o seu contrário, o seu grotesco.

A identidade hegemônica paulista que vingou, baseada no ianquismo, na modernidade compulsória e no refrão "São Paulo não pode parar", só deixou rebarbas: o prédio art-nouveau de *Sábado* é entulhado e tudo e todos se equivocam. O morto pode ser o passado grandioso (de bandeirantes, mas também de ex-fascistas) que oprime os vivos como um pesadelo. Nem a ética emocional funciona, pois o filme revela um profundo déficit de comunicação entre todos os personagens. Daí, talvez, optar por uma modalidade de humor frio. É preciso ressaltar que a escolha desse humor não envolve necessariamente um distanciamento do criador. É "frio" porque ele sacrifica o riso fácil da comédia e o minimiza em proveito de uma compreensão do real. No humor de Giorgetti, ocorre apenas em alguns momentos o solavanco mental e confortador da piada. Na chanchada brasileira ou nos filmes de Mazzaropi, por exemplo, o espectador só espera pelo gancho da piada, para rir confortavelmente, e o humor vira um problema apenas de *timing*.

O humor tem a vocação de captar a simultaneidade moderna pela concisão. Disse o escritor francês Gustave Flaubert (1821-1880) sobre o período que vivia: "Tudo deve soar simultaneamente, deve-se ouvir o mugir do gado, o murmúrio dos amantes e a retórica dos funcionários ao mesmo tempo".[1] Quando decidiu filmar a cidade em sua inteireza, decadente de suas aspirações mal concretizadas no passado, Ugo Giorgetti não deu a qualquer espectador o direito de ser conciliador. Em *Sábado*, os caricaturizados são os publicitários como ele, homens de comunicação que constituem seu público, habituados a tipificar em nível do chão seu consumidor, para dele obter benefícios. Era um risco a que ele se lançava, disposto a sacudir seus iguais quanto a essas incongruências.

Seu caldo cultural incluiu a existência de uma cinematografia desconstrutora como a da nouvelle vague, ácida em razão das angústias de autoria nascidas nos anos 1960. Naquele período, a juventude subia ao palco das reivindicações contra a própria condição econômica favorecida. Pertence ao mal-estar burguês não desejar encaixar-se em uma classe, especialmente a sua, que tão odiosamente explorou outra para se estabelecer.

Reivindicar, contrariar a sisudez burguesa com o uso do fortemente irônico, cristalizaram-se como busca no cinema de Ugo Giorgetti. O posicionamento delirante e inconsequente do burguês paulistano não poderia mais ser aceito pelo artista, embora sua classe social fosse a mesma daquela figura a ser ridicularizada. A ordem em seu cinema tornou-se ironizar os iguais. Mas isso só poderia ser feito

---

1   JANOVITCH, Paula Ester. *Preso por trocadilho: a imprensa de narrativa irreverente paulistana, 1900-1911*. São Paulo: Alameda, 2006, p. 13.

amargamente, já que o artista permaneceria sendo também um burguês, alvo de escárnio enquanto ria dele.

A crítica jornalística paulistana da época aplaudiu a ideia "tragicômica" contida no filme, notou a representação de incomunicabilidade entre classes sociais dentro do edifício e sublinhou o derrotado sonho burguês de tornar São Paulo parecida com uma cidade europeia e civilizada.

Diz o crítico Luiz Zanin Oricchio que a história do filme

> é alusiva a um estado de coisas que nem a redemocratização conseguiu reverter: um certo senso de decadência (com a consequente posição nostálgica em relação aos dias melhores) que a extrema disparidade social trouxe ao País. Fato suficientemente visível nas grandes metrópoles. São Paulo e Rio estão aí para servir de exemplos permanentes. Muito do que Giorgetti mostra veio de sua experiência pessoal, seja como publicitário, seja como cineasta (...) Metáfora nada: aquilo tudo existe no dia-a-dia.[2]

Para o crítico Inácio Araújo, trata-se de um filme que opera a convivência obrigatória entre

> seres desiguais e diferentes, forçados a partilhar um mesmo espaço. É esse o quadro escolhido por Giorgetti para situar o problema que mais parece interessá-lo: o tempo e seu escoamento.

---

2   ORICCHIO, Luiz Zanin. "*Sábado* expõe senso de decadência". *O Estado de S. Paulo*, São Paulo, Caderno 2, 7 abr. 1995, p. D-2.

> O filme se passa num sábado, que é uma mistura de feriado e dia útil. Nesse dia (e na situação descrita acima) colocam-se urgências exasperantes, como a necessidade de terminar a filmagem ou de consertar um elevador. Paralelamente, uma série de obstáculos se coloca a esses objetivos e produz o desperdício do tempo. Giorgetti insere aí tanto o ganho engendrado pela perda (a conversa, o humor, a troca), como a monumental perda gerada pela eficiência (o comercial resulta, no fim, uma futilidade). É nesses paradoxos que *Sábado* baseia seu encanto de filme que não tenta impressionar com brilharecos. Traz, em troca, uma vivência e um olhar bem paulistanos, ao juntar no mesmo espaço experiências contraditórias, opostas, em que dois brasis se espelham e se interrogam. É um filme de humor inquieto, que assume seus riscos e sabe administrá-los.

E mais: "Trata-se de mostrar um país ineficiente, atabalhoado, boçal, incapaz de decifrar os signos culturais elementares. Quase sempre, também, predisposto a jogar o tempo (e outras riquezas) pela janela".[3]

Para Geraldo Mayrink, a realidade brasileira estava de volta em *Sábado*,

> depois de anos de ausência das telas. Está irreconhecível. (...) Sua reaparição em São Paulo,

---

3 ARAÚJO, Inácio. "*Sábado* observa contradições do Brasil". *Folha de S. Paulo*, São Paulo, suplemento Ilustrada, 7 abr. 1995, p. 7.

> dentro de um prédio cariado pelo tempo, é um susto. Antes tão rancorosa, ela voltou cheia de veneno e de graça. É claro que continua repugnante. Escolheu justo um fim de semana para botar na arena, outra vez, a eterna batalha entre ricos e pobres. *Sábado* (...) mostra que a realidade brasileira assumiu um sotaque novo, o paulistês. É nessa língua do 'orra meu' que se descomunicam uma equipe de cinema, no trabalho de criar um comercial de perfume, e os moradores de um prédio que já foi o máximo, no trabalho de ir vivendo a vida, se é que aquilo que todos vivem é vida.[4]

Para José Geraldo Couto, "a habilidade de Giorgetti consiste justamente em, mantendo a unidade de tempo e espaço (um único dia, um único prédio), costurar uma série de pequenas anedotas e incidentes envolvendo essa rica fauna urbana". Segundo ele, a partir de acontecimentos "banais, a um tempo cômicos e trágicos, Giorgetti compõe um retrato multifacetado e amargo dos desencontros, da loucura e do caos da sociedade brasileira de hoje".[5]

Marcelo Coelho crê que o filme se ajusta com precisão àquele momento brasileiro, mostrando que desigualdades sociais podem não levar ao caos.

---

4 MAYRINK, Geraldo. "Pátria hilária". *Veja*, 10 maio 1995, p. 127.

5 COUTO, José Geraldo. "*Sábado* é tragicomédia do caos social". *Folha de S. Paulo*, São Paulo, suplemento Ilustrada, 5 set. 1994, p. A-2.

O foco se alterna, assim, durante todo o tempo: o prédio onde se passa a história é de fato mostrado como sendo horroroso; mas o filme também parece dizer que é ridículo achá-lo horroroso. O centro de São Paulo está degradado: esta frase verdadeira e banal é às vezes levada a sério, às vezes é denunciada em sua banalidade. O preço que *Sábado* paga pela exatidão crítica seria o de esquivar-se sempre de ter um ponto de vista; ou melhor, adota vários, mostra tudo, mas para isso não pode fixar-se em nenhum lugar. Seu brilho, seu humor têm algo da proeza de um ventríloquo. E, por assim dizer, uma dublagem da realidade, feita com espantoso virtuosismo; tão próxima do original que parece o tempo todo querer fugir de lá. Isto é, daqui.[6]

Mas o Rio não recebe o filme da mesma forma. Ao criticar a obra, o jornalista Hugo Sukman a considera regular, segundo a observação da rubrica do boneco que ilustra a crítica, assistindo sentado e imóvel ao filme. Para ele, a incomunicabilidade é um traço exclusivo paulistano, a que os cariocas, vivendo em proximidade com os morros, desconhecem. É um comentário que parece eivado da necessidade de estereotipar o humor em análise. Ao vinculá-lo a uma identidade local, paulistana, o autor se exime de pensar nos

---

6   COELHO, Marcelo. "*Sábado* retrata realidade antiapocalíptica". *Folha de S. Paulo*, São Paulo, suplemento Ilustrada, 19 abr. 1995, p. 10.

problemas que Giorgetti aponta em todo o país, representado pelo edifício em ruínas.

> Apesar de a comédia ser bem urdida, sobretudo pelo elenco engraçado, a visão social do Brasil é essencialmente paulista. A divisão entre ricos e pobres que não convivem no mesmo espaço e são obrigados a conviver, a absoluta ingnorância (sic) de uns em relação aos outros, é impensável em uma cidade como o Rio, que tem favelas ao lado das habitações mais caras. *Sábado*, por isso, deve ser visto como a visão particular que São Paulo tem do Brasil.[7]

O que Giorgetti propunha na primeira versão do roteiro guardava diversas semelhanças com a versão final no filme, mas havia mais detalhamentos e explicações a compor a história dos personagens. Era, também, em seu início, uma história na qual se destacavam elementos de agressividade maior (por exemplo, no que se refere ao linguajar; ao uso de drogas, maconha e cocaína, entre os moradores e os modelos no set).

Na primeira versão do roteiro, havia menção a um cão feroz a perseguir a diretora de arte e seu auxiliar pelos corredores do prédio. A determinada altura, um habitante mal encarado, ao ver o animal, o chutava para longe e fechava a porta de seu apartamento. Em uma segunda versão, escrita a

---

7 SUKMAN, Hugo. In: "Uma comédia paulista demais". *O Globo*, Rio de Janeiro, Caderno B, 12 out. 1995, p. 6.

lápis, o homem, ao encarar o animal, acaricia-o e o coloca dentro de sua própria casa. A sequência foi retirada da versão final do filme, menos iconoclasta que a aparentemente pretendida pelo roteiro de início. É uma omissão curiosa. Animais são seres sem projeções, solipsistas, daí nossa atração pelos bichos, pois projetamos neles nossos projetos ou os admiramos porque apenas sobrevivem, enfrentando a imanência da vida que não suportamos.

Filmagens externas foram retiradas, exceto as do início e fim. Longas discussões sobre a situação amorosa dos modelos desapareceram. O diretor troca o franzino passante pelo corredor do apartamento onde está o morto por um ator corpulento, o músico André Abujamra. Tira sequências inteiras em que Aymar e Magda buscam o apartamento do vitral. Transforma em ainda mais frágil o zelador diante da mulher que examina os pertences do morto; ela, na versão final, é sua esposa, bastante dura com ele e sua bebedeira. Elimina a figura do médico e do enfermeiro do IML, após descobrir em pesquisa que apenas funcionários comuns, como motoristas, encarregam-se do transporte de cadáveres. Elimina a ideia do uso de um chapéu para proteger quem adentra o apartamento dos pássaros. Uma assistente de produção, que segundo as indicações do primeiro roteiro deveria ser alguém tipicamente desprovida de inteligência, não se estabelece assim ao final do filme. Ela é incluída na história, mas como uma jovem bem arrumada de classe média, em busca de uma oportunidade de integrar aquele mundo de trabalho, enquanto se desenrola a filmagem publicitária. É ela quem joga um pedaço de pão aos habitantes do prédio, no momento em que eles lutam no chão pela comida.

Sendo o roteiro o "sonho intacto" do diretor, teria de passar por transformações até ser encarado como um produto de filme, o que de fato ocorreu. Decisões de condução que alteraram os primeiros escritos responderam a certas condições concretas, obstáculos do trabalho cinematográfico. Não mudou a ideia, mudou a forma de o diretor/roteirista concretizá-la.

O que Giorgetti quisera dizer desde o início, contudo, parecia estar lá, ainda que cercado dos mistérios jogados para a apreensão do espectador no decorrer do tempo. Foram assim todos os filmes duradouros submetidos àquele entender borgeano, "inteligentes", não "geniais", documentos com alma de um período histórico, como os viu Vittorio Gassman.

Em *Sábado*, especialmente, é a alma burguesa, aquela que levara o País à ruína, a ser desnudada e condenada, aos poucos retirada de seus símbolos de classe, o relógio, o tênis, o telefone, o cachorrinho de madame. Ela não se alterara substancialmente desde *O anjo exterminador*, de Luis Buñuel. No filme, de 1962, burgueses se veem encerrados sem explicação aparente em um palacete aonde acorreram para um fino jantar. Não conseguem sair dali e o mundo em torno deles rapidamente se degrada:

> Despidos dos objetos pessoais e momentaneamente despojados dos talismãs materiais da civilização burguesa, os convidados atiram-se,

> sofregamente, sobre os despojos restantes, como o violoncelo transformado em lenha ou o vaso artístico transmutado em "bacia sanitária". A cultura burguesa é uma cultura de objetos, de apropriação de fetiches, sobretudo para este grupo de homens e mulheres, incapazes de perceber os objetos como produtos de um trabalho, portanto de um valor, de uma pulsão vital, de uma história.[8]

Buñuel sabe que, "se eliminarmos todas as convenções e o aparato faustoso da linguagem e dos gestos, resta apenas o halo frio da miséria da condição humana".[9]

Onde, afinal, reside a humanidade, é a pergunta que Elias Thomé Saliba lança para a compreensão deste filme-enigma do diretor espanhol. *Sábado* tem aflições semelhantes, ocupado em esmiuçar o descontentamento por um estado de coisas que levou à ruína institucional e existencial dos brasileiros, fartamente descrita no filme. Abandonados a uma estranha sorte, os ocupantes do prédio paulistano do centro são vítimas certeiras, por vezes resignadas, de escolhas históricas que o tempo acumulou no lixo embalado das escadas, a escravidão, o coronelismo, a submissão imperial, a corrupção política, tudo isto que nos fez embriagados e menores, por que não dizer, mortos.

---

8 SALIBA, Elias Thomé. "O anjo exterminador". In: *Apontamentos*. São Paulo: Fundação para o Desenvolvimento da Educação, 1995, p. 16.

9 *Ibidem*, p. 16.

CONSIDERAÇÕES FINAIS

ndefinível, ainda, mas de destino certo, o comentário crítico que o humor frio faz da condição humana está presente na obra de Giorgetti tanto quanto na de seus antecessores imediatos, o grupo da comédia italiana ao qual pertenceram Mario Monicelli e Dino Risi. Seu humor frio é exercido a ponto de, muitas vezes, negar o próprio humor, ou seu efeito imediato que tomamos por sinônimo, o riso. A depender da situação social agravante, da cultura em desfacelamento que esses filmes comentam, o humor dentro deles ganhará apenas seu significado primitivo de bílis da amargura.

Fazer humor no Brasil de qualquer tempo, especialmente naquele de *Sábado*, com limitada possibilidade de ação institucional centralizada, indiferente ao que é solidário e comum, país domingueiro, como o queria Sergio Buarque de Holanda, ou país da sobremesa, à moda de um dito de Oswald de Andrade, tendo de aceitar o que é risível como norma da vida, dificulta o trabalho do artista, do mesmo modo que construíra obstáculos à ação dos humoristas italianos colhidos pelo terror e pela fragilidade institucional nos anos 1960 e 1970. Para ser efetivo nesses casos, o humorista teria de buscar em outra parte, na funda poética, no embaralhado dos sonhos, nos momentos de *nonsense*, uma indicação do que é sublime, para que o real não se intrometesse em sua narrativa desveladora, de puro desabafo, rivalizando com ela em neutra comicidade.

O riso sublime é o que propõe essa poética fria, humorada, mas ainda assim, ao contrário do que ocorreria na música, por exemplo, ela insiste no interesse em comentar um estado de coisas que prende e sufoca. Não há virtudes contra as quais arremessar uma doce iconoclastia, apenas vícios que se sobrepõem a ponto de se tornarem invisíveis, de difícil detecção e combate. O Brasil de *Sábado* urge de materialidade, de uma verdade, de saídas e respostas. Mas anda morto, sem que, ao contrário do que ocorrera com o Brás Cubas de Machado de Assis, se possa indagar ao morto o que ocorrera.

Contudo, o finado deste filme é machadiano ao limite de sua evidência melancólica. Ele está quieto apenas aparentemente, por seus indícios, aqueles fotográficos e textuais, arremessados à janela do tempo por uma indiferença enraizada, cultural, de quem lida com documentos. Por esta razão, *Sábado* não pode ser apenas irônico, negativamente independente de tudo. O morto que lhe é central, como em seu lugar deveria ser o poder político, social, cultural,

O cineasta historiador | 185

expele fluidos de aviso. O morto solavanca, o morto habita com os vivos e está mais alerta à premência de existir do que eles próprios. O morto exige o engajamento da reflexão.

É um Brasil tão carente de materialidade, esse de *Sábado*, que até mesmo um poeta concretista, Décio Pignatari, que fora ator de teatro amador no mesmo Teatro Brasileiro de Comédia percorrido pelo intérprete do morto do filme, Gianni Ratto, encarna um filho obediente da nação apoplética, a pátria-mãe em cadeira de rodas. O filho está convicto em sua serenidade. Ele jamais abandona o prédio, ele conhece muito bem essa sua Alcatraz, e aceita estar preso à sucessão de fatos neles transcorrida. Giorgetti conta que, embora isto não seja comum quando filma, aceitou um "caco" que Pignatari colocara em uma das falas escritas pelo diretor. Quando o auxiliar da diretora de arte se impacienta pelo fim da gafieira, para que então os "técnicos" sambistas possam consertar o elevador, o Homem de Alcatraz lhe diz: "Calma, o tempo do lúmpen é diferente."

Vamos pensar com vagar, vamos filmar demoradamente, ele nos diz. Vamos rir. E vamos buscar uma saída, mesmo sem deixar de fato a prisão. A de Alcatraz é limpa, concreta e dura como as fezes trabalhadas de suas aves. Toda a poesia das bolinhas de excrementos cai sobre quem habita sua sala como um aviso de urgência. Muda-se um pouco para nada mudar. Ainda se quer habitar o mesmo prédio decaído de nossos afetos e cordialidades.

Quando escolhi este filme como último momento de humor exemplarmente frio na obra de Ugo Giorgetti, um diretor inclinado à amargura nas obras que se seguiram a esta, pareceu-me que eu agia por intuição, sem explicações de fato racionais para a escolha. E eu temia simplesmente ter escolhido o filme errado. À véspera de entregar uma primeira versão deste texto a ser avaliado por meu orientador, mandei um email a Giorgetti em que lhe solicitava uma última apreensão sobre o humor que promovera dentro deste filme, e como o via hoje, 23 de maio de 2011, desde quase duas décadas de sua realização. Ele me deu, imediatamente, esta resposta:

"O que posso te dizer, passados tantos anos de *Sábado*? Parece um filme realista, mas não é. Os publicitários não são exatamente daquele jeito, não se conserta elevador daquele modo, etc, etc. Acho que o filme é uma transposição para a caricatura do documentário que fiz sobre o prédio Martinelli. Lá estão várias cenas que depois aproveitei no filme exagerando um pouco, como, por exemplo, a sala cheia de pássaros. Havia humor no *Martinelli*, mas humor engessado, aprisionado pelo real. No longa, eu me libertei dessa realidade e coloquei tudo um tom acima. Acho que essa leve distorção, essa ligeira deformidade, foi a base do humor do filme."

"É assim que eu vejo *Sábado* hoje, minha avaliação pode ter mudado com os anos. Nunca mais consegui esse feito. Todo o humor que existe em todos os meus filmes seguintes não conseguiram escapar da realidade, da sólida realidade que os envolvia. Mesmo *Boleiros* padece dessa semelhança com o real. Jogadores são daquele jeito, futebol é aquilo,

O cineasta historiador 187

sem exageros, sem caricaturas. Sei lá, talvez eu volte a fazer um filme tão livre quanto *Sábado*. Tenho até o roteiro pronto. É um filme pequeno com poucos atores numa locação única e se chama *Uma noite em Sampa*. Espero aplicar nesse filme o mesmo método de *Sábado*: distorcer de forma imperceptível, me livrar da realidade sem que as pessoas percebam. Meu humor não mudou em nada, acho. Só os assuntos mudaram e não permitiram, ou eu não soube, usar todo o humor, como gosto."

FONTES E BIBLIOGRAFIA

FONTES

Impressas

ARAÚJO, Inácio. "*Sábado* observa contradições do Brasil". *Folha de S. Paulo*, São Paulo, suplemento Ilustrada, 7 abr. 1995, p. 7.

COELHO, Marcelo. "*Sábado* retrata realidade antiapocalíptica". *Folha de S. Paulo*, São Paulo, suplemento Ilustrada, 19 abr. 1995, p. 10.

COUTO, José Geraldo. "*Sábado* é tragicomédia do caos social". *Folha de S. Paulo*, São Paulo, suplemento Ilustrada, 5 set. 1994, p. A-2.

MAYRINK, Geraldo. "Pátria hilária". *Veja*, 10 maio 1995, p. 127.

MURY, Cécile. "Sábado". *Revista Panorama*, Paris, s/d.

ORICCHIO, Luiz Zanin. "*Sábado* expõe senso de decadência". *O Estado de S. Paulo*, São Paulo, Caderno 2, 7 abr. 1995, p. D-2.

SUKMAN, Hugo. "Uma comédia paulista demais". *O Globo*, Rio de Janeiro, Caderno B, 12 out.1995, p. 6.

Filmográficas

GIORGETTI, Ugo. *Edifício Martinelli*, média-metragem de Ugo Giorgetti, 1975. Produtora Espiral, São Paulo, a partir de vídeo particular, cedido pelo diretor.

GIORGETTI, Ugo. *Sábado*, longa-metragem, 1994, cópia cedida pelo diretor.

MONICELLI, Mario. *Um burguês muito pequeno*. DVD Coleção Cult Classic, s/d.

RISI, Dino. *Il Sorpasso*. DVD Versátil, 2006.

Depoimentos

UGO GIORGETTI a partir de 2002 a esta pesquisadora, em depoimentos orais e por email, tentando estabelecer suas escolhas de roteiro e suas influências no campo do humor para a realização do filme.

BIBLIOGRAFIA

AGEE, James. "A grande era da comédia". *Revista Serrote*, São Paulo, n° 2, 2009.

ALBERTI, Verena. *O riso e o risível na história do pensamento*. 2ª ed. Rio de Janeiro: Zahar, 2002.

ANDRADE, Oswald de. *Estética e política*. São Paulo: Globo, 1991.

ARANHA, Altair J. *Dicionário brasileiro de insultos*. São Paulo: Ateliê Editorial, 2002.

ARONOWITZ, Stanley; JAMESON, Fredric; SAYRES, Sohnya; STEPHANSON, Anders (orgs.). *The 60s without apology*. Minneapolis: University of Minnesota Press, 1984.

AUERBACH, Erich. *Ensaios de literatura ocidental*. Trad. Samuel Titan Jr. e José Marcos Mariani de Macedo. São Paulo: Duas Cidades/Editora 34, 2007.

_____. *Mimesis*. São Paulo: Perspectiva, 1998.

BARSALINI, Glauco. *Mazzaropi, o Jeca do Brasil*. Campinas: Átomo, 2002.

BAECQUE, Antoine de. *La caricature révolutionnaire*. Paris: PUF, 1988.

BAKHTIN, Mikhail. *A cultura popular na Idade Média e no Renascimento: o contexto de François Rabelais*. Trad. Yara Frateschi Vieira. São Paulo: Hucitec; Brasilia: Editora da UNB, 1987.

BALTRUSAITIS, J. *Medioevo fantastico*. Milão: Adelphi, 1993.

BAZIN, André. *Charles Chaplin*. Trad. Luis Carlos Velho dos Santos. São Paulo: Marigo, 1989.

BELLUZZO, Ana Maria de M. *Voltolino e as raízes do modernismo*. São Paulo: Marco Zero; Brasília: CNPq, 1992.

BERNARDET, Jean-Claude. *O autor no cinema*. São Paulo: Edusp/Brasiliense, 1994.

BOLOGNESI, Mário. *Palhaços*. São Paulo: Editora da Unesp, 2003.

BORGES, Jorge Luis. "A arte da ficção". In: *As Entrevistas da Paris Review*. São Paulo: Companhia das Letras, 2011.

BREMMER, Jan & ROODENBURG, Herman (orgs.). *Uma história cultural do humor*. Rio de Janeiro: Record, 2000.

BURTON, Robert. *Some anatomies of melancholy*. Londres: Penguin Books, 2008.

CALDIRON, Orio. *Italian directors — Mario Monicelli*. Roma: National Association of Motion Pictures and Affiliated Industries e Institute for the Promotion of Italian Motion Pictures Abroad, 1981.

CALVINO, Italo. *Assunto encerrado*. São Paulo: Companhia das Letras, 2009.

CAPELATO, Maria Helena; MORETTIN, Eduardo; NAPOLITANO, Marcos; SALIBA, Elias Thomé (orgs.). *História e cinema*. São Paulo: Alameda, 2007.

CAVALCANTI, Lailson de Holanda. *Historia del humor gráfico en el Brasil*. Lleida: Editorial Milênio, 2005.

COZARINSKY, Edgardo. *Borges en/y/sobre cine*. Madri: Espiral/ Fundamentos, 1981

COSTA, Caio Túlio. *Cale-se (A saga de Vannhucchi Leme, A USP como aldeia gaulesa, O show proibido de Gilberto Gil)*. São Paulo: A Girafa, 2003.

COSTTA, René de. *El humor em Borges*. Buenos Aires: Ediciones Cátedra, 1999.

D'ANGELI, Concetta & PADUANO, Guido. *O cômico*. Curitiba: Editora UFPR, 2007.

DANTAS, Macedo. *Cornélio Pires: criação e riso*. São Paulo: Duas Cidades/Secretaria de Cultura, Ciência e Tecnologia, 1976.

DIAS, Rosangela de O. *Chanchada: cinema e imaginário das classes populares na década de 50*. Rio de Janeiro: Relume Dumará, 1993.

DUARTE, Regina Horta. *Noites circenses; espetáculos de circo e teatro em Minas Gerais no século XIX*. Campinas: Editora da Unicamp, 1995.

EAST, W. Gordon. *The geography behind story*. Nova York/Londres: W. W. Norton & Company, 1967.

ECO, Umberto. *História da feiúra*. Trad. Eliana Aguiar. Rio de Janeiro: Record, 2007.

_____. *Obra aberta*. 8ª ed. Trad. Giovanni Cutolo. São Paulo: Perspectiva, 2000.

_____. "Pitigrilli: o homem que fez mamãe corar". In: *O super-homem de massa; retórica e ideologia no romance popular*. São Paulo: Perspectiva, 1991.

EVERDELL, William R. *Os primeiros modernos: as origens do pensamento do século XX)*. Trad. Cynthia Cortes e Paulo Soares. Rio de Janeiro: Record, 2000.

FARIA, João Roberto. *Ideias teatrais: o século XIX no Brasil*. São Paulo: Perspectiva/Fapesp, 2001.

_____. *O teatro realista no Brasil: 1855-1865*. São Paulo: Perspectiva/Edusp, 1993.

_____. *O teatro na estante*. São Paulo: Ateliê Editorial, 1998.

_____. *Do teatro – Machado de Assis*. São Paulo: Perspectiva, 2008.

_____. *Teatro de Machado de Assis*. São Paulo: Martins Fontes, 2003.

FELTRINELLI, Carlo. *Feltrinelli: editor, aristocrata e subversivo*. Trad. Romana Ghirotti Prado. São Paulo: Conrad, 2006.

FERRO, Marc. *Cinema e história*. São Paulo: Paz e Terra, 2010.

FOURASTIÉ, Jean. "Reflexão sobre o riso". *Diógenes*, 9, Brasília: Editora da UNB, 1985, p. 35-48.

FREUD, Sigmund. *Os chistes e a sua relação com o inconsciente* [1905]. Trad. Margarida Salomão. Rio de Janeiro: Imago, 1995.

GOMBRICH, E. H. *A história da arte*. 15ª ed. Trad. Álvaro Cabral. Rio de Janeiro: Livros Técnicos e Científicos Editora, 1993.

_____. *Arte e ilusão: um estudo da psicologia da representação pictórica*. Trad. Raul de Sá Barbosa e Monica Stahel. São Paulo: Martins Fontes, 2007.

GOMES, Paulo Emilio Salles. *Cinema: trajetória no subdesenvolvimento*. 2ª ed. São Paulo: Paz e Terra, 1996.

_____. *Crítica de cinema no suplemento literário* – vol. 1. São Paulo: Embrafilme/Paz e Terra, 1982.

GRAFTON, Anthony. "Beyond the joke: Humor the measure of the Christian". Londres. *Times Literary Supplement*, 10 abr. de 1998.

GUARNACCIA, Matteo. *Provos: Amsterdam e o nascimento da contracultura*. Trad. Roberta Barni. São Paulo: Conrad, 2001.

GUINSBURG, Jacó (org.). *Pirandello: do Teatro no Teatro*. São Paulo: Perspectiva, 1999.

GUREVITCH, Aron. *As categorias da cultura medieval*. Lisboa: Editorial Caminho, 1994.

HANSEN, J. Adolfo. *A sátira e o engenho: Gregório de Mattos e a Bahia do século XVII*. São Paulo: Secretaria de Cultura do Estado de São Paulo/Companhia das Letras, 1989.

JACOBY, Russell. *Imagem imperfeita: pensamento utópico para uma época antiutópica*. Rio de Janeiro: Civilização Brasileira, 2007.

JANOVITCH, Paula Esther. *Preso por trocadilho: a imprensa de narrativa irreverente paulistana*. São Paulo: Alameda/Fapesp, 2006.

JAROUCHE, Mamede M. (org.). *Poesias da Pacotilha (1851-1854)*. São Paulo: Martins Fontes, 2001.

MACEDO, José Rivair de. *Riso, cultura e sociedade na Idade Média*. São Paulo: Editora da Unesp/Porto Alegre: Editora da UFRGS, 2000.

MAGALHÃES, Helena Maria Gramiscelli. *"... E o negro amarelou": um estudo sobre o humor negro verbal brasileiro*. Tese de doutorado. Belo Horizonte, Programa de Pós-Graduação em Letras – PUC, 2008.

MARTINS, Antonio. *Artur Azevedo: a palavra e o riso — uma introdução aos processos linguísticos de comicidade no teatro e na sátira de Artur Azevedo*. São Paulo: Perspectiva; Rio de Janeiro: Editora da UFRJ, 1988.

MAURON, Charles. *Psicocritica del género cómico*. Trad. Carmen Bobes. Madri: Arco Libros, 1998.

MINOIS, Georges. *História do riso e do escárnio*. Trad. Maria Elena O. Ortiz Assumpção. São Paulo: Editora Unesp, 2003.

MONDADORI, Sebastiano. *La commedia umana: conversazioni con Mario Monicelli*. Milão: Mondadori, 2005.

MONTAIGNE, Michel de. *Os ensaios* — Livro I. Trad. Rosemary Costhek Abilio. São Paulo: Martins Fontes, 2000.

MORREALL, John. *Taking laughter seriously*. Albany: The State University of New York, 1983.

MOURA, Roberto. *Grande Othelo, um artista genial*. Rio de Janeiro: Relume Dumará, 1996.

NACLÉRIO HOMEM, Maria Cecília. *O Prédio Martinelli: a ascensão do imigrante e a verticalização de São Paulo*. São Paulo: Projeto Editores Associados, 1984.

NAGIB, Lúcia. *O cinema da retomada: depoimentos de 90 cineastas dos anos 90*. São Paulo: Editora 34, 2002.

NERUDA, Pablo. *Neruda para jovens: antologia poética* (org. Isabel Córdova Rosas). Rio de Janeiro: José Olympio, 2010.

NIETZSCHE, Friedrich. *Crepúsculo dos ídolos (ou como se filosofa com o martelo)*. Trad. Paulo César Lima de Souza. São Paulo: Companhia das Letras, 2006.

_____. *Ecce Homo (como alguém se torna o que é)*. Trad. Paulo César Lima de Souza. São Paulo: Companhia das Letras, 1995.

_____. *On the genealogy of morality*. Cambridge: Cambridge University Press, 1994.

ORICCHIO, Luiz Zanin. *Fome de bola: cinema e futebol no Brasil*. São Paulo: Imprensa Oficial, 2006.

O'ROURKE, P. J. *Etiqueta moderna: finas maneiras para gente grossa*. Trad. Aran. São Paulo: Conrad, 1999.

PAVAM, Rosane. *Ugo Giorgetti: o sonho intacto*. São Paulo: Imprensa Oficial, 2004.

_____. "Humor sem fim". *Carta Capital*, edição 620.

PIRANDELLO, Luigi. "O humorismo". In: GUINSBURG, Jacob (org.). *Pirandello: do Teatro ao Teatro*. São Paulo: Perspectiva, 1999.

PORTA, Paula (org.). *História da cidade de São Paulo*. Vol. III: *A cidade na primeira metade do século XX – 1890-1954*. São Paulo: Paz e Terra, 2004.

POSSENTI, Sírio. *Os humores da língua: análises linguísticas de piadas*. Campinas: Mercado de Letras, 2002.

POSTMAN, Neil. *Amusing ourselves to death: public discourse in the age of show business*. Londres: Methuen, 1987.

PRADO, Décio de Almeida. *Peças, pessoas, personagens: o teatro brasileiro de Procópio Ferreira a Cacilda Becker.* São Paulo: Companhia das Letras, 1993.

_____. *Seres, coisas, lugares: do teatro ao futebol.* São Paulo: Companhia das Letras, 1997.

PRUDENZI, Angela & RESEGOTTI, Elisa. *Cinema político italiano – anos 60 e 70.* São Paulo: Cosac Naify, 2006.

QUEIROZ, Maria José de. *A literatura e o gozo impuro da comida.* Rio de Janeiro: Topbooks, 1994.

QUINTANA, Ángel. *El cine italiano, 1942-1961: del Neorrealismo a la Modernidad.* Barcelona: Paidós, 1997.

RIANI, Camilo. *Tá rindo do quê?: um mergulho nos salões de humor de Piracicaba.* Piracicaba: Editora Unimep, 2002.

RISI, Dino. *I miei mostri.* Milão: Mondadori, 2004.

ROSAS, Marta. *Tradução de humor: transcriando piadas.* Rio de Janeiro: Lucerna, 2002.

ROSENFELD, Anatol. *Na Cinelândia paulistana.* São Paulo: Perspectiva, 2002.

_____. *Cinema: arte & indústria.* São Paulo: Perspectiva, 2002.

ROSENSTONE, Robert A. *A história nos filmes. Os filmes na história.* São Paulo: Paz e Terra, 2010.

ROUANET, Sergio Paulo. *Riso e melancolia.* São Paulo: Companhia das Letras, 2007.

SALIBA, Elias Thomé. "Humor romântico e utopias: reflexões sobre alguns registros cômicos na época do Manifesto Comunista (1814-1957)" In: COGGIOLA, Osvaldo (org.). Ontem & hoje: manifesto comunista. São Paulo: Xamã/ Depto. História USP, 1999, p. 145-158.

_____."A dimensão cômica da vida privada na República" In: SEVCENKO, Nicolau (org.). História da vida privada no Brasil. Vol. III: República: da Belle Epoque à era do rádio. São Paulo: Companhia das Letras, 1998, p. 289-366.

_____. Raízes do riso. A representação humorística na história brasileira: da Belle époque aos primeiros tempos do rádio. 3ª ed. São Paulo: Companhia das Letras, 2007.

_____. "Patrimônio humorístico". In: Millôr Fernandes, Cadernos de Literatura Brasileira. São Paulo: Instituto Moreira Salles, 2003.

_____. "O riso mau". In: Traço, Humor e Cia – Catálogo de Exposição. São Paulo: Faap – Museu de Arte Brasileira, 2003.

_____. "Representações do cômico no cinema e na história: anotações pertinentes e digressões impertinentes". Estudos de História, Unesp-Franca, vol. 4, n° 2, 1997.

_____. "As imagens canônicas e a história". In: CAPELATO, Maria Helena; MORETTIN, Eduardo; NAPOLITANO, Marcos; SALIBA, Elias Thomé (orgs.). História e cinema. São Paulo: Alameda, 2007.

_____. "O anjo exterminador". In: *Apontamentos*. São Paulo: Fundação para o Desenvolvimento da Educação, 1995.

SANTOS, Valmir. *Riso em cena: dez anos de estrada dos Parlapatões*. São Paulo: Sesc/Estampa, 2002.

SARLO, Beatriz. *Tempo passado: cultura da memória e guinada subjetiva.* Trad. Rosa Freire d'Aguiar. São Paulo: Companhia das Letras, 2007.

SEBENICO, Sara. *I mostri dell'occidente medievale: fonti e diffusione di razze umane mostruose, ibridi ed animali fantastici.* Tese disponível online. Trieste, 2005.

SÉRGIO, Renato. *Dupla exposição: Stanislaw Ponte Preta.* Rio de Janeiro: Ediouro, 1999.

SEVCENKO, Nicolau. *Orfeu extático na metrópole: São Paulo, sociedade e cultura nos frementes anos 20.* São Paulo: Companhia das Letras, 2009.

SILVA, Marcos Antonio. *Prazer e poder do Amigo da Onça, 1943-1952.* Rio de Janeiro: Paz e Terra, 1989.

SILVERMAN, Malcolm. *A moderna sátira brasileira.* Trad. de Richard Godwin. Rio de Janeiro: Nova Fronteira, 1987.

SKINNER, Quentin. *Hobbes e a teoria clássica do riso.* Trad. Alessandro Zir. Porto Alegre, 2003.

SOIHET, Rachel. *A subversão pelo riso: estudos sobre o carnaval carioca da Belle époque ao tempo de Vargas.* Rio de Janeiro: Editora da FGV, 1998.

SOUSA, Afonso Félix de (org.). *Máximas e mínimas do Barão de Itararé*. Rio de Janeiro: Record, 1987.

SPIEGELMAN, Art. *Breakdowns: retrato do artista quando jovem*. São Paulo: Companhia das Letras, 2009.

TAYLOR, Benjamin. "Philip Roth: I'm not cadge in by reality". Entrevista realizada para o *The Telegraph*. Disponível em: <http://www.telegraph.co.uk/culture/books/authorinterviews/8523311/Philip-Roth-Im-not-caged-in-by-reality.html>.

TAVARES, Braulio. *O anjo exterminador*. Rio de Janeiro: Rocco, 2002.

TODOROV, Tzvetan. *O homem desenraizado*. Trad. Christina Cabo. Rio de Janeiro: Record, 1999.

VELLOSO, Monica Pimenta. *Modernismo no Rio de Janeiro: Turunas e Quixotes*. Rio de Janeiro: Editora da FGV, 1996.

VENEZIANO, Neyde. *O teatro de revista no Brasil: dramaturgia e convenções*. Campinas: Pontes/Editora da Unicamp, 1991.

_____. *Não adianta chorar; teatro de revista... oba!*. Campinas: Editora da Unicamp, 1996.

XAVIER, Ismail. *Alegorias do subdesenvolvimento*. São Paulo: Brasiliense, 1993.

ANEXO

Tive acesso aos dois únicos roteiros escritos restantes de *Sábado*. Eles não têm anotação de data, mas claramente um deles, o mais extenso, é uma versão inicial do filme, contra o segundo, de páginas arrancadas contendo várias sequências eliminadas. E ainda não é o roteiro que orientará a versão final do filme.

No primeiro roteiro, de 113 folhas datilografadas no verso (três arrancadas), sem data, há enumeradas 51 sequências, muitas delas abandonadas ou reaproveitadas apenas em parte no roteiro final do filme, a que esta pesquisa não teve acesso. Na folha de rosto da edição encadernada, consta que *Sábado* é o "título provisório". Há post-its amarelos e marcações, a tinta e lápis, sobre as páginas, optando por mudanças, acréscimos ou retiradas de trechos.

A **sequência 1** desse roteiro imagina um olho em superdetalhe, sobre o qual a luz se apaga até que ele se imobilize. Uma garota de 16 ou 17 anos foge, à procura do zelador do prédio.

Na **sequência 2**, apresenta-se o saguão do prédio, decaído, com vitral quebrado, lustre apagado, sujeira, ferrugem, onde se dá a preparação de um comercial. A garota que procurara pelo zelador observa tudo e pergunta à produção publicitária: "O elevador vai ficá parado?" As pessoas que estão impedidas de usar o elevador principal procuram o de serviço, distante do primeiro, e em pior estado.

Na **sequência 3**, médico, enfermeiro e motorista do IML chegam. A mesma garota informa a eles que ali se instala uma equipe de tevê, e os funcionários do instituto imaginam então se tratar de uma reportagem sobre o morto, possivelmente assassinado, quando haviam sido informados que a causa da morte seria natural. A bandeja que levam para carregar o cadáver não entra confortavelmente no elevador de serviço, a porta não fecha direito, e o elevador dá solavancos.

Na **sequência 4**, relaxados e cabeludos, os três buscam o apartamento do morto. Especulam se será gordo. O médico tem aspecto decadente. O elevador para com solavanco, e o enfermeiro força a porta para abrir.

Sequência 5: o IML bate em porta errada, a mulher não sabe quem morreu. Aparece o zelador Tonhão, nordestino, gorducho, roupas pobres, tênis gasto, suando, um pouco bêbado, que é então informado sobre a morte.

Na sequência 6, o saguão aparece maquiado para sugerir um clima europeu. Equipe usa roupas esportivas, com aspecto de "criativas". Moradores começam a se misturar

O cineasta historiador 209

a ele. Diretora de arte Magda orienta os trabalhos. Aymar, seu auxiliar, contém moradores, como uma velha indignada (e uma anotação na página do roteiro indica Lélia Abramo como intérprete) ao ver o elevador pintado de determinada cor. Aymar diz: "Isto aqui não é um prédio, isto aqui é o cu do mundo". Magda diz que "do Rio para cima é foda", e só porque está de bom humor... E evoca o vitral de Antonio Gobbis, que ela procurará com Aymar em algum andar. Sobem pelo elevador de serviço. Ao pé da porta, encostado na parede, está o caixão de zinco.

Sequência 7: apartamento do morto é saqueado. Aparecem seus documentos. Leopold Bloom, nascido em 16 de junho de 1904. "Nenhum parente?" pergunta o médico. Tonhão só sabe da garota que dava jeito no apê.

Sequência 8: Magda e Aymar sobem em busca do vitral e param diante da porta de um travesti grotesco (que uma anotação no roteiro pede para tirar). Os dois deixam o recinto, o andar é mal iluminado, tocam a campainha, não funciona. Batem em outra porta, aparece uma mulher com sono, peitos aparecendo. "Amiga do Bob?", diz ela a Magda, confundindo o nome do artista Gobbis por Bob. A mulher olha a diretora de cima a baixo. Toma-a e a Aymar por fregueses do bandido que mora com ela. Os dois saem rapidamente dali em busca de outros apartamentos.

Sequência 9: apartamento do morto. Médico examina papéis, manda levar o morto, enfermeiro e motorista envolvem-no em um lençol, mas a mão do cadáver escapa.

Sequência 10: Aymar tenta checar se o vitral estaria na casa de outra moradora, mas uma mão empurra sua cara e a de Magda, que, indignada, decide não mais empreender a busca, entrando no elevador sem notar o cadáver.

Sequência 11: Magda se dá conta do cadáver, tenta sair, mas o elevador parou.

Sequência 12: Magda grita pedidos de socorro para Aymar.

Sequência 13: Magda ouve Aymar chamar por ela.

Sequência 14: Em busca de socorro para Magda, Aymar anda pelo prédio. Um cachorro parte para cima dele. Um "crioulo mal encarado", seu dono, esbraveja com Aymar quando o assistente diz que sua amiga está presa no elevador: "Vou te dar um tiro na bunda". Na versão datilografada, o "crioulo" não deixa o cachorro entrar, chuta-o para fora. Mas uma segunda versão por cima desta, a lápis, sugere que o cachorro seja colocado delicadamente para dentro do apartamento do "crioulo", por ele próprio.

Sequência 15: No elevador, Magda está histérica, mas quer manter liderança. Os homens do IML tentam segurar o cadáver. Magda olha para eles pela primeira vez. "A expressão um pouco iluminada do rosto de Magda ao ouvir a palavra 'médico' se apaga ao ouvir a palavra 'legista'." O médico lança a hipótese de suicídio, já que ele não teria tomado remédio para o coração.

Sequência 16: Sacos de lixo no saguão enquanto os moradores aguardam o elevador de serviço ser liberado. Estagiário diz a diretor não saber onde Magda está. É o estagiário que se encarrega das bandejas em geral. Um estagiário é "o mais débil mental entre os débeis mentais." É menina de 18, 19 anos, que nunca pisou no centro de São Paulo.

Sequência 17: Aymar perdido entre os andares. Chega a um dentista pobre, que o rechaça. Mais mulheres lhe dizem não, até que uma delas lhe pede para procurar o Homem de Alcatraz. Ele o encontra. Espera que dê comida aos pássaros que tomam seu apartamento.

Sequência 18: Aymar entra na sala do Homem de Alcatraz, onde centenas de pássaros voam livres. Poleiros pendem do teto. No fundo da sala, senta a velha na cadeira de rodas. Na cabeça, um chapeuzinho de palha que a rubrica estabelece ser semelhante ao usado pelo grupo musical paulistano Os Mulheres Negras.

Sequência 19: No apê do morto, garota que assistiu à morte do homem entra suavemente. De início, o roteiro estabelece que Tonhão a pressione violentamente, acusando-a de roubar os objetos do falecido. Depois, ele anota a lápis uma modificação: "Inverter os personagens: ela é forte, ele é um fraco, bêbado". Ela dá para ele o capote da SS. Faz a barba nele, enquanto fala. Ele a acusa de ter levado tudo, já que a grana sumiu. A garota acha duas garrafas, conhaque do ano de 1941. Encontra uma farda negra e velha da SS. Parece sentir que há algo incomum na roupa, embora ignore o quê. Tonhão nem isso pressente. Pega o sobretudo porque julga que ele o aquecerá bem. Examina o quepe. A garota estende fotos, enquanto Tonhão abre a garrafa, "cana forte".

As fotos são de soldados SS, mas não identificam o velho entre eles. Nem a SS. Pode ser um filme, conjecturam. Cartas de amor em alemão passam em branco. Há fotos cuja cabeça está rasgada. Um programa da Ópera de Viena, noite dos anos 30. Tonhão chega ao envelope com dinheiro. Ainda há muito. Ele acusa a mulher de não gastar com comida para o velho. "Ele não queria comer!"

Sequência 20: Em seu apartamento, o Homem de Alcatraz dá de comer aos pássaros. Vai cuidar do elevador agora. Cai sobre a cabeça protegida de Aymar uma bolinha dura. Fórmula alimentar fez as fezes endurecerem, diz o Homem, que obteve a fórmula para que as bolinhas não atingissem a mãe imóvel. Ela usa o chapéu de palha e não tem qualquer expressão. Ele diz que nunca sai do prédio. Pega suas ferramentas. Empurra cadeira da mãe até a janela, pássaros em volta a evocar o filme *Os Pássaros*.

Sequência 21: No interior do elevador, Magda, médico, enfermeiro, motorista, o morto.

Sequência 22: No saguão, assistente distribui guloseimas a moradores e visitantes, cegos conduzidos por crianças, vendedores de bilhetes de loteria, garotas oferecendo mentex. No set, diretor conversa com modelo, que está rebelde, mas se apronta. Espera. A modelo que fará par com ele está indignada com a presença de seu par na cena.

Sequência 23: No interior do elevador, o clima é de desânimo e o cadáver está torto no chão. Lençol entrevê cara hedionda do cadáver. Médico diz para Magda respirar fundo e aguentar. Líquido sai do nariz do morto. Enfermeiro, que dormia, põe algodão nas narinas. Magda grita para sair.

Sequência 24: Homem de Alcatraz e Aymar sobem as escadas do prédio. Aymar teme obstáculos, mas Homem é desenvolto. Gente dorme no caminho, há lixo. Caminham rumo à casa de máquinas.

Sequência 25: No apê do velho, zelador e garotas se embriagam e fumam basseado. Tonhão observa farda, menina pega torneiras e outros objetos, "miudezas que ninguém pensaria em roubar, salvo no Brasil, onde se rouba até tampa de bueiro".

Sequência 26: No saguão, a massa espectadora é tocada pela luz, pelos modelos bem vestidos, pisando em mármore falso. Diretor pede um figurante. Produtora rejeita um moreno, pega um loiro, maquia, ele só terá de andar.

Sequência 27: Modelos conversam. Ele diz que está lá por ela. Brigam, porque ela parece rejeitá-lo.

Sequência 28: No saguão, alguns olham o espetáculo, outros se indignam com o elevador quebrado. Chegam dois PMs, perguntam o que há, onde está o zelador para consertar o elevador, manda o pessoal se aquietar. O pessoal se estica no chão. PM orgulhoso por ter "controlado" a bagunça.

Sequência 29: O figurante-morador que virou yuppie é descartado porque a cena não funcionou. Volta a ser espectador sem entender direito o que houve.

Sequência 30: Enfermeiro e motorista tentam remover teto do elevador. Madeira cai na cabeça do cadáver. Mas médico garante: "Se a gente sai daqui, lá fora é que é ruim".

Sequência 31: Homem quer pegar ferramenta com Jaiminho, um morador que está em uma sala de livros espalhados, onde um pregador fala. Jaiminho não o ouve. Em off o trecho inicial de *Os Maias*.

Sequência 32: Aymar e Homem de Alcatraz seguem para casa das máquinas. Passam pelo apê do morto. Tonhão está bêbado lá, vestindo seu uniforme nazista.

Sequência 33: No elevador, Magda reclama do cheiro do cadáver.

Sequência 34: Homem de Alcatraz e Aymar estão no topo do prédio. Bêbados fumam baseado, fazem batucada. Começa conserto na casa das máquinas. Homem de Alcatraz e três homens palpitam.

Sequência 35: Set do comercial. Gravação do beijo vira cena de amasso no elevador, muitas vezes repetida. Dois moradores, inspirados pelo que veem, beijam-se também. Ao final, os modelos cheiram cocaína, abraçam-se.

Sequência 36: Na casa das máquinas, todos cercam o principal dos "eletricistas" em sua tarefa de consertar o elevador.

Sequência 37: Magda, presa, preocupa-se com o andamento do trabalho de sua equipe no saguão.

Sequência 38: Tonhão, bêbado, olha os peitos da moça no quarto do velho, sai dele e desce as escadas sob "acordes wagnerianos".

Sequência 39: Todo mundo palpita sobre o conserto na casa das máquinas.

Sequência 40: No elevador, os quatro imóveis. Às vezes, os homens observam Magda.

Sequência 41: Homem de Alcatraz provoca solavanco, elevador anda.

Sequência 42: No elevador, movimento faz descer, para. Solavanco provoca queda de Magda sobre o cadáver. Médico faz com que Magda veja o morto.

Sequência 43: Tonhão desce as escadas, bêbado e decidido.

Sequência 44: Garota rasga fotos e cartas do morto pela janela de seu apartamento.

Sequência 45: Os cinco ainda estão no elevador. Médico quer que Magda toque no morto. O elevador volta a funcionar.

Sequência 46: Na casa das máquinas, todos satisfeitos com o sucesso do conserto.

Sequência 47: No saguão, comercial chega ao fim. Magda sai do elevador. O cadáver também, pelas mãos dos funcionários do IML, mas o povo mal nota.

Sequência 48: Acaba comercial, set se desmonta. O diretor assistente reclama: "Magda! Porra! Onde é que você andou?" Magda, atônita, pega qualquer roupa, cheira o próprio corpo. Diretor diz que outra vez quer gravar em estúdio, "longe dessa merda toda."

Sequência 49: Os dois modelos do comercial saem. Ele a convence a tomarem algo juntos.

Sequência 50: Sai a equipe de filmagem do prédio. Magda é a última. Tonhão surge como que saído do lixo da escada. Aymar o encara e a sua roupa da SS.

Sequência 51: Tonhão, vestido com o uniforme nazista, mais bêbado do que nunca, passa por loja de discos, ouve Ása Branca. Tonhão dança o baião. Acende o luminoso da loja, e o filme termina.

No segundo roteiro, há 56 folhas datilografadas no verso. Dezessete páginas foram arrancadas. É o roteiro mais próximo do definitivo, mas ainda longe de se equiparar a ele, em sequências e diálogos.

Sequência 1: Nunca filmada. Conforme alerta o *post-it*: "Nunca foi filmado o exterior". É dividida em 12 cenas.

1. Narração em off. Mostra o edifício Conde Pisetti. Primeiro plano: zelador, que olha fixo para a câmera, depois de tomar a primeira pinga da manhã.

2. Homem de Alcatraz dá de comer a ave.

3. Cadeiras dispostas para receber plateia da Igreja de Jesus Ocidental.

4. Porta do elevador de serviço emperra, homem sai resmungando, rumo às mesmas compras que faz há 40 anos.

5. Mulher chega de "atividades noturnas", em contraste.

6. Panorâmica sai da porta do elevador, percorre saguão, ir e vir de pessoas, até que surge uma mulher sofisticada orientando outras.

7. Cenotécnicos trabalham no elevador social para um comercial de 30 segundos.

8. Chegam maquinistas, eletricistas, jovem produtor Aymar consulta horóscopo.

9. Primeiro plano de um velho morto e grotesco.

10. Panorâmica de janelas com seus elementos decorativos bonitos, mas vidros e madeiras podres. Bacia despeja líquido preto de uma delas, com voz em off falando sobre o edifício Conde Pisetti.

11. Dois homens em viatura tentam comparar placa da rua com endereço do prédio. Um deles parece ausente.

12. No saguão do prédio, um gravador Nagra é acionado, e uma música toca.

Sequência 2: Elevador vai sendo gradualmente restaurado por equipe de filmagem enquanto passam os créditos. (consta a observação de que esta cena será eliminada).

Sequência 3: Elevadores distantes entre si. No social, equipe do comercial, interditado o acesso de moradores. Magda, a diretora de arte sofisticada, orienta equipe e moradores junto a seu auxiliar Aymar. Entram os dois funcionários do IML, mas não dá para subir pelo elevador de serviço com a gaveta onde será colocado o corpo.

Sequência 4: Preparativos para as filmagens, nos quais Magda e Aymar conversam sobre o valor cultural das coisas, sobre o bom gosto que há no sul do País, sobre a boa "descendência" europeia da população de lá, sobre o valioso vitral de Vittorio Gobbis escondido no prédio, sobre os livros de Shirley McLaine.

Sequência 5: IML chega no apartamento do morto. O velho está magro, como se nem só seu apartamento tivesse sido saqueado. IML1, o funcionário ativo, está ao lado do zelador Tonhão, bêbado. IML2 é o funcionário alheio ao que se passa. "Magrinho nordestino olha curioso para o apê" (marcação pede para lembrar que isto vai mudar, já que o ator a interpretar será André Abujamra, corpulento).

Sequência 6: Aymar e Magda sobem ao 11º andar, tentam encontrar o vitral, batem em dois apartamentos, uma mulher os maltrata. Chega o elevador, Magda entra, não nota o cadáver. Ao notar, aperta botões no intuito de abrir a porta.

Sequência 7: Funcionários do IML pedem que fique tranquila. Eles são da Polícia Civil e vieram pegar o morto.

Sequência 8: Aymar no corredor tenta saber o que se passa dentro do elevador com Magda.

Sequência 9: Aymar tenta acalmar Magda.

Sequência 10: Alguém abre a porta para ele, diz que Homem de Alcatraz pode ajudar.

Sequência 11: No saguão, preparativos para a filmagem. Produtor pergunta por Magda.

Sequência 12: Magda não quer ver o que se passa atrás de si. Tenta arrancar o forro do elevador. IML1 a encara, seu colar, seus brincos. Cadáver emite som. Magda se apavora.

Sequência 13: Tonhão sai do apartamento do velho morto, chama o elevador, ele não vem, e então volta ao apê.

Sequência 14: Morador tenta entrar com suas compras, não consegue usar nenhum dos dois elevadores, reclama muito. Curiosos chegam. Menino engraxate tenta fazer seu serviço no diretor assistente e em produtora. Ela alerta sobre morador que reclama, o diretor assistente pede que ela lhe sirva um café completo. Ele o recebe na cadeira de lona de diretor, com mesinha ao lado. Enquanto isso, vai sendo posta a mesa de café da manhã para a equipe.

Sequência 15: Equipe começa a notar que Magda não está lá, porque é dela a função de verificar todo o figurino do comercial. "Que tal chamar o bombeiro?"

Tonhão chama o elevador que está emperrado, vai para o outro, lembra que a equipe de filmagem o utiliza. Volta ao apartamento do velho, vê que o estão roubando. Vê a garrafa que restou, experimenta seu conteúdo, enquanto "música alemã" toca ao fundo.

Sequência 16 - Câmera enquadra outro apartamento pelo lado de dentro, lá onde pássaros voam. Homem de Alcatraz abre a porta. Aymar entra, pedindo ajuda para a amiga presa no elevador. Bolinha dura, do tamanho de uma bola de gude, despenca sobre ele. Homem de Alcatraz diz--lhe que o tratamento para endurecer as fezes dos pássaros transforma-as nestas bolas assépticas. Põe sua mãe, que está em cadeira de rodas, diante da janela. Leva ferramentas e diz: "Vou levar a peixeira. A mais brasileira das armas".

Sequência 17: Os jovens modelos aparecem. A jovem não atende pelo próprio nome, Ana. A numerologia mudou seu nome para Robin. O modelo masculino precisa retocar os dentes. Os moradores estão agitados no saguão.

(Folhas arrancadas. Pula-se uma sequência).

Sequência 19: Homem de Alcatraz acende uma vela para o morto e informa Aymar de que não há telefone em todo o prédio.

Sequência 20: IML1 pede que o jovem corpulento dê um berro no elevador. Ele dá.

Sequência 21: Aymar ouve o berro. Mas o Homem de Alcatraz não dá importância a isso. Seguem. Homem vê outro com dor de dentes, conversam.

(Aqui há páginas cortadas)

Sequência 22: Protestos no saguão diminuem quando cena do comercial começa a ser filmada. Todos parecem iluminados por ela. Logo em seguida, almoço é servido à equipe. "Porra, esses caras num fizeram porra nenhuma e já vão comer", diz morador. Surge a dona de um cachorro perguntando quando ele vai entrar em cena. Dentista impede modelo de comer, para não estragar seu conserto. Apresenta ao diretor assistente sua amiga cantora. Ele diz que nada pode decidir sobre cantores, mas o dentista insiste, como um favor. Mesa liberada para todos, equipe e moradores. Embalagem que pertence a Magda contém comida macrobiótica, estranhada e rejeitada por um ocupante do saguão.

(Corte de duas sequências)

Sequência 25: Diretor quer um figurante. A produtora Claudia aponta para um loiro, recusando um moreno que se adianta. Mas ele não funciona na cena e volta a seu lugar na "plateia". Mulher perde cachorro e procura por ele.

Sequência 26: Samba de gafieira na cobertura. O relógio de Aymar, que ali está com Homem de Alcatraz, chama a atenção (de início, seria um anel, descartado).

Sequência 27: Tonhão dorme no apartamento do morto. Mulher reclama da folga do zelador. Descobre no fundo "fajuto" do guarda-roupa uma mala, com papel amarelado no qual há cartas presas, um pacote de fotos, Cruz de Ferro de primeira classe da Segunda Guerra, um capote e um quepe das SS.

(Sequência seguinte cortada).

Sequência 29: Tonhão veste o capote e o quepe. Mulher olha e rasga fotos, atira-as pela janela.

(Sequência 30 cortada)

Sequência 31: O samba parece estar chegando ao fim. Levam o tênis de Aymar.

Sequência 32: No saguão, filmagem está no fim. Mas seguem os modelos se beijando. Saem.

Sequência 33: Na cobertura, o samba para. Sambistas vão olhar o que se passa com o elevador. Homem de Alcatraz seguro em relação a eles. Aymar, não.

Sequência 34: Alguém descobre peça quebrada. Elevador sacode. Magda grita: "Os técnicos chegaram!" Magda, em off, comunica-se com o morto, lamenta seu destino, intriga-se.

(Duas sequências cortadas)

Sequência 37: Na casa das máquinas, alguém tenta roubar o relógio de Aymar.

Sequência 38: No saguão, filmam o último plano. Morador que reclamara e tomara seu café tem de deixar a cadeira de lona. Dormia e é acordado. Fica enraivecido. "Corja, ralé, olha o que vocês fizeram! Precisa mandar essa gente toda de volta para o Nordeste, para a África, para a Bahia!"

(Quatro sequências cortadas)

Sequência 43: Magda livre, querendo arrancar as próprias roupas. IMLs saem em busca da gaveta, mas elevador se fecha, atendendo a chamado de Tonhão, com o morto ainda lá dentro. Quando o elevador desce, sai Tonhão com roupa da SS, sem notar o morto.

Sequência 44: Aymar e Homem de Alcatraz estão na cobertura. Homem lhe dá uma pomba da paz. Ele diz não querer, porque "mora em apartamento". Mas tem de aceitar, porque Homem mora em apartamento também.

Sequência 45: Acaba a filmagem. Tudo volta a ser como era no saguão, o velho caos.

Sequência 46: Aymar olha Tonhão vestido com uniforme da SS, pergunta pelo pessoal da filmagem, mas ele já se foi. Larga a pomba. Trio nordestino toca *Asa Branca*. Tonhão e mendigos dançam na calçada.

Fim: Depois dos créditos finais entra a cena integral do comercial.

Ao realizar esta pesquisa, contei com o auxílio, o caloroso incentivo e a paciência sem fim de muitas pessoas a quem gostaria de registrar meus agradecimentos.

A Elias Thomé Saliba, em primeiro lugar. Este professor que ilumina a escritura histórica brasileira acreditou no meu projeto e em minha capacidade como pesquisadora. As palavras a mim dirigidas pelo grande pensador fizeram com que eu acreditasse na importância de sistematizar meus estudos em uma dissertação. Elias não só me orientou a todo momento, como me instigou a aprofundar questões sugeridas pela pesquisa e me tranquilizou em períodos, nem sempre breves, durante os quais julguei não estar habilitada à tarefa.

Ao diretor de cinema Ugo Giorgetti, um dos maiores que todo o Brasil conhece, um espelho para os sentimentos que não distingo, por sua ajuda ao me fornecer material de pesquisa e ao me dar longos e detalhados depoimentos sobre sua trajetória artística.

Este trabalho igualmente nada seria sem a participação do professor João Roberto Faria, erudito de impressionantes simplicidade e sabedoria, desde a minha banca de qualificação. Emocionei-me quando ele disse acreditar na importância do que eu pesquisava. Igualmente o auxílio da professora Paula Janovitch foi inestimável, ao indicar, durante a mesma banca, as leituras necessárias ao aprofundamento de minha pesquisa na direção histórica. Agradeço minha amiga de quase duas décadas Joana Monteleone. Ela reabriu as portas de meu interesse à universidade. Incentivou-me, cobrou-me, confortou-me, de posse de seu pensamento ágil, de sua ternura e enorme alegria em viver.

Meus agradecimentos são infinitos à Fapesp, que acreditou neste livro com um imprescindível financiamento.

Não teria imaginado este texto concluído sem a ajuda daqueles da família próxima, que suportaram minha ausência e, por vezes, até mesmo minha presença cheia de ocupações. A Maurício Leão Tagliari, meu marido, a Daniel e Bernardo, meus filhos, meu infinito amor. Maurício, em verdade, fez este carro andar, impassível diante de meus lamentos de primeira autora. Sua inteligência, a maior que conheço, pôs-se a serviço generoso de minhas caóticas iluminações. Foi um grande sonho ter iniciado e concluído este trabalho acadêmico com toda a sua compreensão e doçura, enquanto me detinha em pesadas tarefas jornalísticas. Mas eu também tinha a vocês todos.

Caderno de imagens

ENTRE QUATRO PAREDES. Os atores Otávio Augusto, Maria Padilha, Tom Zé e André Abujamra representam quatro personagens presos à incomunicabilidade no elevador do Edifício das Américas, o prédio que evoca o paulistano Martinelli e é metáfora de um Brasil decadente, melancolicamente risível, sem regulamentos, síndico ou lei. Em *Sábado*, de 1994, os ocupantes do edifício são vítimas certeiras, por vezes resignadas, de escolhas históricas que o tempo acumulou no lixo embalado das escadas.

COM AS TINTAS DA GALHOFA. Carina Cooper e Giulia Gam são produtoras da filmagem do comercial do perfume Winter, transcorrida no interior do prédio decadente. Em seu comentário irônico das aspirações europeias elitistas do paulistano, *Sábado* traz Giulia como profissional excitada, decidida a programar a hora exata do nascimento do filho, rumo a ungi-lo desde o nascimento com a perfeita conjunção astral.

MEMÓRIAS DO BRASIL PÓSTUMO. Gianni Ratto interpreta o cadáver preso no elevador em companhia dos funcionários do IML Otávio Augusto e Tom Zé. Eles obtêm a ajuda compulsória de um passante desavisado, interpretado por Abujamra, e chocam a diretora de arte vivida por Maria Padilha. Ninguém sobe nesse edifício, apenas para recolher o que está morto, de maneira análoga ao que ocorre na sociedade estratificada, definida por condições de desigualdade e desesperança.

AH, A EUROPA. Como diretora de arte, Maria Padilha manifesta a seu assistente, interpretado por Wellington Nogueira, o desejo de se distinguir do povo brasileiro por sua suposta ascendência de Primeiro Mundo. Antes que se veja presa no elevador com homens a quem socialmente despreza, e que saia da difícil experiência sem nada ter aprendido, a diretora anda pelo prédio com o assistente em busca de um valioso vitral.

ODOR DE BAIXEZA. Otávio Augusto, como o funcionário do IML, lembra à pedante e insensível diretora de arte interpretada por Maria Padilha que, embora díspares socialmente, são eles, naquele elevador, seres condenados ao enfrentamento. A escravidão, o coronelismo, a submissão imperial, a corrupção política, tudo o que faz os brasileiros embriagados e menores, estas são suas heranças comuns, conforme ressalta o humor frio em *Sábado*.

JEITINHO BRASILEIRO. Elias Andreato, dentista da equipe, vai trabalhar acompanhado da enfermeira interpretada por Dadá Cyrino. Ela é levada ao set por interesse sexual e afetivo do dentista, que quer convencer o diretor a dar um trabalho à mulher. Ela cantará bem, mas comicamente, e será aplaudida como diva pela multidão no prédio, multidão sem rosto ou entendimento dos mínimos sinais do que são a cultura e a história nas quais se insere. Como produtora, Giulia Gam tentará colocar o dentista em seu lugar.